湛庐文化 Cheers Publishing
a mindstyle business
与 思 想 有 关

Managing Assets in A New Age

逐鹿大资管时代

中国证券投资基金业协会◎编著

中国人民大学出版社
·北京·

图书在版编目（CIP）数据

逐鹿大资管时代 / 中国证券投资基金业协会编著 . —北京：中国人民大学出版社，2014.12

ISBN 978-7-300-20064-4

Ⅰ . ①逐… Ⅱ . ①中… Ⅲ . ①资本市场—研究—中国 Ⅳ . ① F832. 5

中国版本图书馆 CIP 数据核字（2014）第 223052 号

上架指导：金融 / 投资

逐鹿大资管时代

中国证券投资基金业协会 编著

Zhulu Daziguan Shidai

出版发行	中国人民大学出版社		
社　址	北京中关村大街 31 号	邮政编码	100080
电　话	010-62511242（总编室）		010-62511770（质管部）
	010-82501766（邮购部）		010-62514148（门市部）
	010-62515195（发行公司）		010-62515275（盗版举报）
网　址	http:// www. crup. com. cn		
	http:// www. ttrnet. com（人大教研网）		
经　销	新华书店		
印　刷	北京联兴盛业印刷股份有限公司		
规　格	170 mm×230 mm 16 开本	版　次	2014 年 12 月第 1 版
印　张	17.75 插页 2	印　次	2014 年 12 月第 1 次印刷
字　数	224 000	定　价	59.90 元

MANAGING ASSETS IN A NEW AGE

赞誉

《逐鹿大资管时代》一书以其独特的宏观视野、行业观察及策略探索给业界以大资管思想大餐，值得认真品读。

杨再平

中国银行业协会专职副会长

《逐鹿大资管时代》汇集了全球知名学者和金融高管最前沿的资产管理思想和观点，内容丰富，博采众长。在中国资产管理行业群雄并起、逐鹿中原之际，本书可为资产管理行业工作者提供很有价值的帮助和参考。

范勇宏

中国证券投资基金业协会兼职副会长

我们很幸运身处这样一个大变革与发展的历史时期。《逐鹿大资管时代》所提供的全球智识，有利于帮助我们以国际化的视野，开创大资管时代。

刘晓艳

中国证券投资基金业协会兼职副会长
易方达基金管理有限公司总裁

中国的基金公司正快速走向更为广阔的财富管理海洋，

期间所面临的挑战是不言而喻的。新领域、新工具、新策略如此诱人而又朦胧难测。求知，成为基金公司再度扬起成功之帆的热切意愿。中国证券投资基金业协会举办的“专家讲坛”向我们开启了一扇领略前沿思想的窗户。据此辑录出版的《逐鹿大资管时代》一书，介绍了当今国内外知名专家、业内成功人士对资产管理行业现状、发展趋势、金融工具的运作等热点问题的研究心得及实践经验，值得细读，可深得其益。

林传辉

中国证券投资基金业协会会员理事
广发基金管理有限公司副董事长、总经理

经济新常态将提升股票、债券等直接融资比重，并为资产管理行业的大发展提供沃土。作为资产管理行业的一员，中国证券投资基金业协会举办的“专家讲坛”让我们有机会学习国内外知名学者及业内专家在行业发展、市场监管和公司治理等方面的真知灼见。

裘国根

中国证券投资基金业协会私募证券投资基金专业委员会主席
上海重阳投资管理股份有限公司执行事务合伙人、董事长兼首席投资官

中国资产管理行业正迎来大发展时代，中国证券投资基金业协会精心编撰的这本《逐鹿大资管时代》囊括了海内外优秀机构与专家的观点经验，帮助我们在起航之时登高望远！

林利军

中国证券投资基金业协会兼职副会长
汇添富基金管理有限公司董事、总经理

中国证券投资基金业协会将历次“专家讲坛”集萃而成的《逐鹿大资管时代》，融会了各国专家学者和从业精英的前沿思想和创新探索，为我们了解全球资产管理领域的发展提供了广阔的视角。在中国资产管理行业面临巨大机遇和挑战的今天，本书更是难得的及时之作。

邓召明

中国证券投资基金业协会会员理事
鹏华基金管理有限公司总裁

资产管理研究领域充斥着各种各样的枯燥理论和数据，普通大众读起来难免耗时且难以真正理解其中奥义。本书却不尽相同，其中文章皆为境内外资产管理行业专家、教授、知名学者在协会“专家讲坛”的精彩演讲，内容涵盖资产管理行业最前沿的学术观点、动态信息和思想火花。文章深入浅出，语言简练朴素，内容兼收并蓄，可谓思想的精粹、智慧的集锦。

金旭

中国证券投资基金业协会兼职副会长
国泰基金管理公司总经理

《逐鹿大资管时代》汇集了全球优秀投资管理专家的前沿视点，对于处在国际化起步阶段的中国机构投资者启示颇丰。

窦玉明

中欧基金管理公司董事长

《逐鹿大资管时代》是一部优秀的集大成之作。19位全球资产管理行业的专家从不同的视角，以专业的文笔、翔实的数据和深入的分析，向读者生动地展示了当今全球资产管理领域的现状、趋势和变革。对于任何一位中国资产管理行业的从业者和希望加入到这个行业的有志人士，这都是一本不可错过的好书。

王俊锋

信诚基金管理有限公司总经理

随着政策松绑的加快，金融行业的混业经营与大资管时代的来临已是不争的事实，以银行、券商、期货、信托、保险为主体的金融机构迎来了资产管理业务产品创新的无限机遇。随着我国资产管理业务模式进一步向发达国家业务模式看齐，相关机构在组织架构、管理体系、人才配备等多方面也将面临极大的挑战。无论作为资产管理行业的从业者，还是实体经济的管理者，只要你对大资管时代的发展机遇及对实体经济影响有所思考，应该都能从本书中得到答案或启发。

成健

赢华基金总裁

资产管理行业要做学习的典范

张育军
中国证券监督管理委员会主席助理

党的十八届三中全会做出了全面深化改革的总体部署，提出了健全多层次资本市场体系的明确任务。国务院《关于进一步促进资本市场健康发展的若干意见》(新“国九条”)从国家战略的高度，强调要推进市场中介机构创新发展，促进基金公司向现代资产管理机构转型，培育私募市场，发展私募投资基金。进一步推动资产管理行业创新发展，是贯彻落实党中央与国务院部署的一项重要任务，也是监管部门、自律组织和全行业共同面临的光荣使命。

当前，我国资产管理行业发展正面临前所未有的重大发展机遇。党中央与国务院的一系列部署，释放了巨大的改革红利，激发了全社会各行各业加快推进改革创新的蓬勃热情。我国工业化、城镇化、市场化的快速推进，国民经济的转型升级，为行业发展提供了不竭动力。居民财富的持续积累，养老社保体系的不断完善，金融市场国际化进程的深化，为行业发展创造了巨大需求。利率汇率市场化、直接金融与间接金融的比例调整等金融市场改革，为行业发展拓展了广阔空间。经过近20年的发展，我国资产管理行业在制度架构、人才储备、监管体系等方面也已经具备了良好的基础和条件。总体来看，我国资产管理行业正在进入新的黄金发展阶段。

2014年5月，习近平总书记在同外国专家座谈时强调，中国要永远做一个学习的大国。学习是一个民族、一个国家不断发展进步的基础。资产管理行业是以智力资本为核心的行业，又始终处在市场化、国际化的前沿。在创新发展的过程中，必须更加重视加强学习，通过持续不断的学习提高专业能力，努力做学习的先锋和典范。

要深入学习和贯彻党的十八届三中全会、新“国九条”和证监会关于推进行业创新发展的政策意见等一系列重要文件精神，通过学习找准行业发展定位，明确发展方向与目标，探索符合自身特点的发展战略，结合自身实际抓好文件的贯彻落实。

要加强国内资产管理行业不同机构之间的相互学习。基金公司、证券公司、期货公司要认真学习和借鉴银行、信托、保险等其他资产管理机构的有益经验，牢固树立以客户为中心的理念，满足投资者的多元化理财需求；加强与实体经济的联系，提升服务实体经济的能力；强化勤勉尽责的意识，积极主动地开发客户、服务客户，创新服务模式，提升服务质量。同时，也要注意研究其他机构发展历史中的问题与教训，避免重复走已走过的弯路。

要高度重视学习海外资产管理行业的先进经验。习近平总书记指出，对外开放要着眼于人、着力于人，推动人们在眼界上、思想上、知识上、技术上走向开放。我国资产管理行业在创新发展过程中一定要树立标杆意识，拓展国际视野，以更加包容开放的心态，广泛学习借鉴成熟市场资产管理行业的经营理念、业务模式和发展路径。如当前我国经济转型中金融服务支持城镇化基础设施的投融资、企业高债务杠杆的化解、新兴产业的创新发掘、传统产业的兼并重组等，海外成熟市场都已经拥有较为丰富的经验。在金融产品创新方面，各类资管产品，包括金融衍生产品、非标准化产品、另类投资产品等，多数在海外已存在较长时间，有正反两方面的历史经验可供参考。2008 年金融危机后，各国金融体系都在进行深刻改革，资产管理行业的发展模式、监管体系等也出现了许多新的变化，需要我们积极跟踪把握。随着人民币国际化进程加快、QFII、RQFII 和 QDII 等跨境投资发展以及沪港通推出，我国资产管理行业日益面临全球客户、全球配置的挑战，更需要加强向海外成熟市场学习，更好地与世界接轨。

在向海外成熟市场的资产管理行业学习的过程中，特别要学习他们各具特色的发展战略，在一个成熟市场中，既有提供全方位服务的大型机构，也有立足专业细分产品的特色机构；既有大规模的标准化产品设计，也有小范围的量身定做管理，这些都值得国内机构参考借鉴；学习科学的管理模式，如涵盖各类金融工具的综合产品设计能力，包括海外资产在内的大类资产配置能力，与负债相匹配的资产管理能力等；学习丰富的投资经验，引进海外市场相对成熟的投资理论和方法，加深对各种投资工具使用的理解，把握资管产品创新的方向，培养科学投资理念，提升不同经济环境下的投资能力；学习严格的风险管理体系，金融危机以后全球金融市场对风险管理都有新的理解和反思，要吸收海外机构在风险管理方面的系统化、制度化经验，平衡好管理规模、经营利润和风险控制的关系，真正实现持续稳健经营、基业长青。

中国证券投资基金业协会在推动资产管理行业学习方面做了卓有成

效的工作，“专家讲坛”是一个很好的样板。自2012年7月举办第1期“专家讲坛”以来，已邀请20余名国际名家、精英学者就行业发展热点问题开设讲座，为行业提供了与名家面对面交流的机会，契合了行业提升国际化水平的内在需求，受到广泛关注和好评。这本讲座汇编，在保留演讲实录的基础上，补充了不少生动翔实的应用实例，有助于了解全球资产管理行业最新趋势与先进理念。相信资产管理行业从业人员和关心资产管理行业发展的广大读者，能从这本书中得到收获和启迪。

是为序。

2014年10月28日

MANAGING ASSETS IN A NEW AGE

前言

大资管时代来临

随着金融全球化进程的加快，全球资产管理行业迅猛发展，并逐步成为个人和机构理财、实现财富保值增值的重要渠道，对促进金融体系和经济发展发挥着重要作用。进入 21 世纪，我国资产管理行业在规模和数量上都取得了长足发展。公募基金、券商资管、私募基金的资产管理规模迅速扩张，对于实体经济的支持力度进一步加大，资产管理行业也进入到创新活动异常活跃的时期，形成了自上而下的行业放松管制和自下而上的探索突破相结合的发展趋势。

同时，新一届中央政府致力于推动简政放权，深化经济、金融和社会领域改革，中国资产管理行业正在迎来新的发展机遇。具体来说，利率市场化改革将创造更多货币市场投资工具；多层次资本市场发展将为资产管理行业的发展营造更好的投资环境；资本项目可兑换进程将推动跨境投资需求的不断增长；人民币国际化将大大提升以人民币计价的国际金融资产的地位和比重；养老体系改革和养老金投资管理需求也为资产管理行业提供了新的发展空间。就基金行业而言，目前，基金已成为居民理财的主要选择之一，但与发达国家和主要新兴市场相比，我国基金行业在服务居民理财、养老体系、资本市场和实体经济发展等方面的作用仍未得到充分发挥，未来的发展潜力和发展空间巨大。

中国证券投资基金业协会依据新《基金法》成立，是基金行业的自律性组织。协会成立以来，始终秉承"服务、自律、创新"的理念，竭诚为广大会员提供更加贴近需求的公共服务，并致力于打造一个交流与学习的平台，连接各类不同资产管理行业、打通海内外，就行业发展各个方面的问题进行交流与研讨。"专家讲坛"即是协会精心策划的活动之一，通过邀请国内外知名学者及业界专家，围绕学术经典或热点话题进行演讲并现场互动，从而为会员提供与名家面对面的交流平台。迄今为止，协会已成功举办了21期"专家讲坛"，有24位最负盛名的世界知名学者与资产管理机构高管共同参与交流与互动，为会员带来了一次次信息与经验的分享盛宴，并得到业界一致好评。

为给中国基金行业提供更为丰富深入的一手资料以及在全社会范围内推广资产管理行业的先进理念，我们对历次"专家讲坛"及相关内容进行了细致地整理和修订，并从中挑选出18篇佳作编辑成书。本书在编写过程中力求具备以下几方面特征：

1. **知识性与深刻性。**将以往"专家讲坛"的内容在讲座实录的基础上进行深度挖掘，既原汁原味保留了专家们的思想火花，也融会了相关金融领域的知识积淀。

2. **科普性与可读性。**汇集资产管理及金融领域最前沿的思想和观点，力求通过深入浅出、简练朴素的语言及通俗的表达方式，帮助读者了解全球金融行业的最新动向与发展趋势。

3. 参考性与借鉴性。本书契合了中国基金行业不断提升国际化水平的内在需求，涵盖了最新的投资理念、运作模式、翔实案例介绍以及国际监管动态分析，以期为资产管理机构与监管部门提供参考与借鉴。

本书由中国证券投资基金业协会会长孙杰担任主编、协会国际部执笔。本书的写作得到了众多专家、学者的大力支持、指导和帮助。汇添富基金管理公司督察长李文先生、国联安督察长周浩先生、人寿资产陈华良先生、华创证券华中炜先生、领航集团 Charles Lin、德勤会计师事务所合伙人秦谊女士对本书的结构提出了建议，农银汇理公司的刘志勇先生和交银施罗德的孙红卫先生提供了全面修改建议。领航集团、富达集团、英仕曼集团、德勤会计师事务所和毕马威会计师事务所等机构为本书的编写提供了背景资料和文稿建议，中国社会科学院余永定先生、约翰·霍普金斯大学罗杰·利兹教授等对本书的编写提出了全面细致的修改意见，在此深表感谢。同时，还要特别感谢证监会领导对本书写作和出版始终如一的支持，以及湛庐文化为本书的出版所付出的辛勤努力。

由于时间仓促，书中或有不当之处，望广大读者不吝指正。

中国证券投资基金业协会

2014 年 10 月

MANAGING
ASSETS IN
A NEW AGE

目录

MANAGING ASSETS IN A NEW AGE

第一部分

宏观 · 视野

MANAGING ASSETS IN A NEW AGE

01

金融市场，重要的是信任不是监管

约翰·博德
英国雷丁大学亨利商学院院长

在金融市场中，监管无法触及的地方需要靠信任来维持运行。面对危机，市场需要的不是更多的监管法规，而是重建投资者与金融机构的双向信任，同时，倡导企业公平合法地谋求利润。监管者必须吸取经验教训，密切关注市场的发展趋势，只有所有市场参与者同心协力才能快速走出衰退并避免下一次大规模危机的出现。2008 年，美国金融危机导致雷曼兄弟等投资银行破产，危机迅速蔓延，并给全球经济带来了巨大冲击。本文以此金融危机为背景，探讨危机产生的深层原因、发展过程和后果，从金融发展史的角度理性思考危机是谁之过，并对监管政策导向与市场信心重建进行了展望。

约翰 · 博德

英国雷丁大学亨利商学院院长

约翰 · 博德（John Board） 英国雷丁大学亨利商学院院长，对商学院和管理学院的发展贡献突出。他的研究一直强调主体应用性，侧重于对现实世界有影响的理论和实践。

雷丁大学（University of Reading） 地处英格兰东南部，始建于 1892 年，于 1926 年获得皇家授权，如今已成为一所集研究和教学于一体的综合性大学。雷丁大学亨利商学院（Henley Business School）由独立的亨利管理学院与雷丁大学商学院合并而来，是少数获得 AACSB、AMBA 和 EQUIS 三重认证的商学院之一，其全日制 MBA 课程在《经济学人》杂志（*The Economist*）的评选中，排在全球第 42 位和欧洲第 11 位。2012 年，亨利商学院在《金融时报》评选的欧洲商学院中位列第 29 名，其 EMBA 课程被《金融时报》排在世界第 53 位。

没有信任，就没有资本市场的运行

2008 年的美国金融危机严重削弱了广大投资者对金融市场的信心，那么，什么是金融市场的信心？即是指市场有没有规则、法律和监管，以及这些规则、法律是否被遵循。比如签署合同时，合同双方是否相信彼此会按照合同约定行事？如果对方违约，是否有措施挽回部分损失？信心是客观的，与合同约束相关，并可以依此做出决策。所以，信心的基础是监管法规。公司及其他参与人都向其客户表明他们遵守法律且拥有庞大的合规部门。众所周知，现在的合规部门规模比以往扩大了很多，合规也已经成为一种职业。

而相对于信心，信任是个更复杂的问题。信任即公平合作，按照对双方都有利的方式行事。在法律法规无法覆盖到的领域，由信任来维持公道。信任的困难之处在于它是双向的，而且不能被明确地监管。法律法规都规定要公平地对待客户，提供专业的服务，却没有明确解释专业的标准。信任是主观的，更多的是关于道德裁决、绅士协议。信心是关于规则是否被遵循和执行，可以通过监管者的督促或公司实行严格的合规流程来确保。而信任是当规则无法触及时的公平合作，一旦被破坏就很难修复，它依靠公司用诚信赢取，而非监管者规范。

媒体上经常会出现“危机之下需要更多监管”的言论，其实非也。市场需要的是更多的信任，而监管并不能创造更多信任。监管仅仅规定了什么合法或不合法，但在国际资本市场上的监管并不能涵盖所有方面。在伦敦，立合同者和监管者都相信一句谚语：语言即是约定。如果没有信任，资本市场就无法运行。公司需要投资银行代表公司作为资产管理者进行投资理财，如果信任缺失，公司必须转向直接融资，这无疑会提高融资成本和风险，而且会使监管更为困难。同时，若公司之间缺乏信任，合规成本将非常高，这对律师来说当然是好消息，但对公司和投资者来说就是坏消息了。从本质上来看，金融市场依靠信任运行，否则，客户、合约方及其他参与人等都会担忧另一方的行为。缺乏信任的后果是，社会需要更多的监管法规、更多的体系、更多的程序，最终就会制造出更多的规则。

金融工具的创新与最优监管

金融行业和其他所有行业一样都需要创新。每个行业都有监管，都面临着日益激烈的竞争，不仅有国际化的垄断行为，还有机构交易和零售交易活动。创新的本质是好的，因为创新是人类的天性。如果某一厂商能生产出其他厂商不能生产的产品，该厂商就可以使产品卖出更高的价格，获取更大的利润。同时，消费者也因使用新产品而得到了更高的效用。金融创新的动机除了收取溢价之外，还包括监管套利，即通过引进新产品可以逃避监管。以外汇掉期为例，它的存在就是为了规避汇率风险、逃避外汇管制。监管套利是金融创新的一大动机，但也是监管者们面临的问题之一，监管者需要找到监管措施来尽量降低监管套利。

监管是一场微妙的平衡。市场上的新工具往往是现有工具的结合，何时该对新产品制定新规则、何时该修改现有规则来适应新产品，这是每个监管者都将面对的问题。几乎所有见诸报端的金融危机都不是由金融工具的复杂性所造成的，而是由金融从业者的能力不足、腐败、个人或组织监管不当造成的，在其他行业也是如此。

那么，该如何进行监管？当今金融市场变化迅速，新老产品共存，很多金融创新的动机甚至连监管者都无法理解，这就存在很大的风险。监管者必须认识到的是，金融创新是必需的，资产管理、证券经营的本质都是风险管理，对市场风险、信用风险和流动性风险的管理都需要靠金融创新来不断优化。如果新的金融工具能够在符合监管法规的条件下分散投资风险，提高投资收益，这样的金融工具创新必然会受欢迎。同时，金融创新中的新产品更迭迅速，就像手机一样，刚上市的新手机很快会被抢购一空，但随着时间的推移，消费者又会迅速将其淡忘。任何金融工具都有其生命周期，如何在不同的发展阶段实行最优监管，是监管机构的工作重点之一。

从金融发展史审视金融危机的产生

金融危机的罪魁祸首是资产证券化，图 1—1 即是资产证券化的过程。

资产证券化怎样运行？它为何会出现？监管机构鼓励信用风险管理是因为所有人都已经认识到信用风险的重要性，因此，资产证券化也需要进行有效的风险管理。从交易者的角度来看，低利率使他们更愿意通过投资来盈利，而证券化能给他们带来更高的收益。与基础信贷相比，证券化产品的投资回报率要高出 100 个基点，通过对基础资产的不断拆分、组合，最后的担保债务凭证面值也将大幅增加，风险被分离，同时也为泡沫的存在埋下了隐患。如此大金额的证券化产品一旦出现违约，要对损失进行测算将会非常困难。监管机构必须时刻关注市场信号，防止大规模违约的发生。

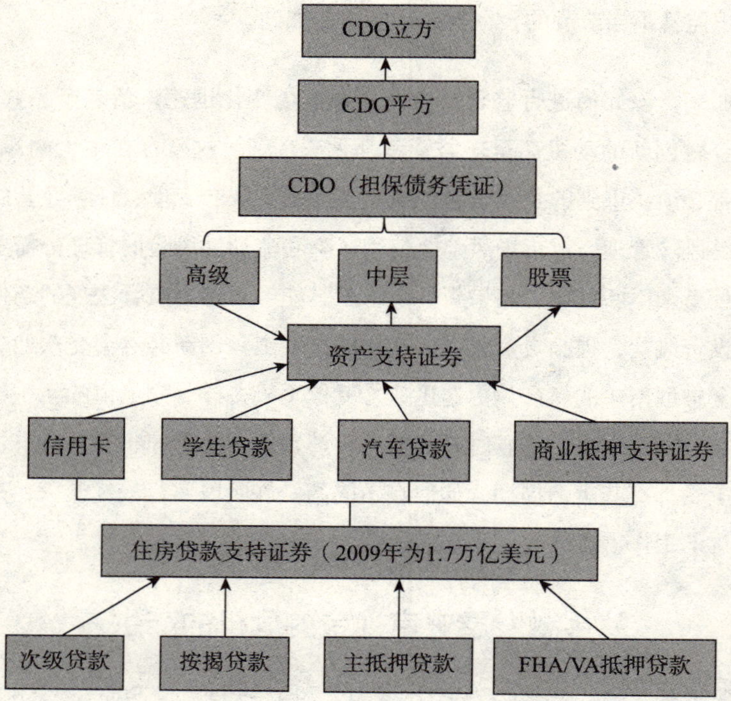

图 1—1　资产证券化的过程

若要深刻理解金融危机发生的原因，必须重新审视整个金融发展史。每一次金融危机都具有以下三个特点：第一，它是市场所经历过的最糟糕的金融危机。为什么呢？这也是人性的体现，因为如果报纸头条上说这只是一次小危机是没有卖点的。第二，它是前所未有的。第三，这是最后一次同类危机，因为如果说未来还会发生类似事件将会打击市场参与者的信心。这就是危机本质中戏剧性的一面。信贷危机中证券泡沫化使得市场价格失控地攀升，并最终导致市场崩盘。或许证券化本来就是泡沫，如 20 世纪 90 年代的网络泡沫、18 世纪 20 年代的南海泡沫等。泡沫一直都存在。

近百年来，一旦发生金融危机，责任总会被推到衍生品上，指责也总是朝向衍生品，说它们不道德、不诚实。因为衍生品没有物质形态，没有真正的实物被交易。在每一次金融危机中，虽然衍生品被认为是非法的、不道德的，但被禁止后它们还是会再度浮现，正是因为这一资产管理工具本就是个好的选择。

另一个问题是庞氏骗局。最著名的即是美国的麦道夫骗局，但其实任何地方都有庞氏骗局。它是如何运行的？投资者先后借款给借款人，借款人用新借到的资金来偿还以前所借的资金的利息，循环往复。庞氏骗局在早期很难被识破，监管者必须对其严格监管，因为投资者最终会损失巨额资金。监管者必须时刻关注市场和对投资者进行保护。

2008 年的金融危机则是源于次级贷款的增长和利率的下降，最终导致违约，并因市场的复杂性、流动性紧缺以及市场对银行信心不足，导致了一些银行的倒闭，政府不得不涉入援助。这是一个很现代化的危机，但在 1294 年就有对信贷危机的分析，而这次金融危机也一样，既不是第一次出现也不会是最糟糕的一次。在 1294 年，英国国民产出的增加所导致的危机后果比此次金融危机还要严重。危机的过程也很类似，英国国王借入资金，但与英国无关的风险最终却导致英国国王无法偿还利息，继而影响到意大利银行的正常交易，最后导致银行破产，通过政府援手救助，才增加市场的流动性。

故事总是这样一遍遍上演，它的启示在于，历史会重演。但坏消息是，即使市场参与者知道以前曾发生过危机，仍旧无法避免它再次发生。这也就导致了监管循环（见图 1—2）。

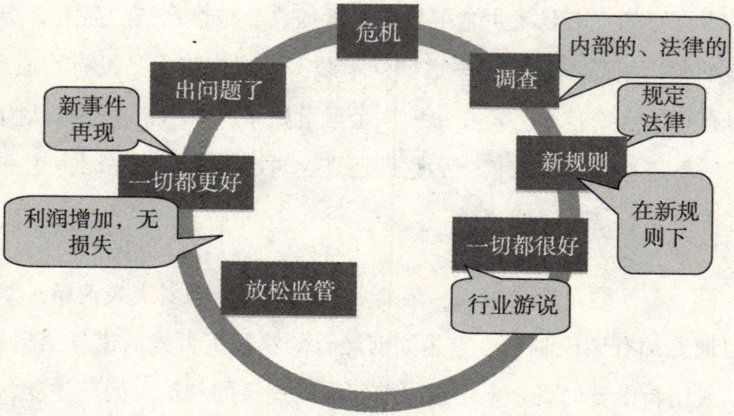

图 1—2　监管循环

监管循环由危机开始，危机之后各方会进行调查，调查可能是有关法律方面的，也可能是针对内部的。调查的结果是监管法律的改变，同时也涉及很多社会因素。随着新的监管政策的出台，相应的法律法规都需要改变。当有了新的法律体系后，市场参与者自然会按照新规则进行交易，因此，在一段时期内的市场会很平静，新法规起到了作用。之后，业界会施加压力，业界代表要求放松监管，因为监管限制了从业者更充分地发挥能力。严格的监管限制了行业赚取更多利润，业界普遍认为行业内的从业者比监管者更了解该行业，更清楚怎样做最有利于行业发展。他们会认为，自身的监管和自律已经足够。于是，监管被放松，经济会更加繁荣，但随之而来的新危机将不可避免地再次发生。

相信存在完美监管的想法是错误的。一旦被监管，从业者永远都不会满意，要么认为监管太多，要么太少。美国在 20 世纪 90 年代就曾经历过债务危机，不过，中国当下的经济环境与 20 世纪 90 年代危机中的美国经济却非常不同，中国债务危机的受害者主要是小投资者。他们要么没有得到正确的建议，要么被新闻报道所误导，认为投资可以无风险地获得高回报。

危机，究竟谁之过?

那么，金融危机是谁之过呢？每个人都有过错。市场上出现了违约，参与者都有责任。信贷市场上的违约、错误的定价等共同导致了市场的崩溃。那么，市场是错误的吗？交易所的股价、银行的零售价、二级市场的交易价等都没有真正反映出风险的大小。立法者、监管者都要对此负责。立法者总是站在资本家的立场制定法律法规，而资本一旦失去储备金的保证就很容易贬值。监管者的错误在于不能吸取教训。为什么放松监管？因为投资银行和商业银行劝说监管者放松监管，要求由他们自己管理风险。监管者没有看到问题所在，也不认为风险会过高。但当流动性紧缺后，追求更高回报的投资者不得不承受更高的风险，而市场分析员也没有关注到真实风险的大小。银行家的贪婪、强大的政治压力、市场暂时性的非理性繁荣、监管机构的疏忽大意……最终，每个人都要为危机负责。

监管者面临怎样的问题？答案包括人力资源、专业能力和掌控行业变化等方面的问题。监管人才永远都供不应求，监管者也需要有足够的专业知识和经验。但作为监管者，很难保证一直都能跟得上市场的不断创新。这与智商、胜任力无关，只是因为市场瞬息万变。此外，监管者还要把握与从业者之间的距离，既不能靠得太近也不能离得太远。

当今世界日新月异，监管者面临着严峻的挑战。全球经济已经形成一张密不可分的网络，21 世纪的全球市场息息相关。这就提出一个很重要的问题：国内监管者能否有效地管理其国内国际市场，因为监管套利意味着可以在全球范围内进行离岸交易。事实是，在此次金融危机中，国际监管就没有发挥好其应有的作用。

重建双向信任，重建市场信心

走出危机的方法在于重建市场信心，改革银行监管。例如，英国金融机构的结构就在发生转变，银行采取了一些自律和监管措施；美国也制定了《多德 - 弗兰克法案》(Dodd-Frank Act) 来限制银行自营。但值得关注的是，银行对新监管法案的反对异常强烈:《巴塞尔协议Ⅲ》(Basel Ⅲ) 在 2010 年一开始推出，立刻就遭到了市场的抵制。

同时，银行收费比以往任何时候都要高，且在全世界都不透明。英国金融监管局发现，80% 的公司违背了客户资金分离的原则。2011 年的调查数据表明，银行业从业人员的人均工资水平下降了 0.5%，但银行收入却下降了 7%，利润下降了 8%。对每 100 万美元的利润，都要在 120 万名员工身上分摊，银行业从业人员的人均薪酬为 305 777 美元，但这与资产管理、投资银行都无关，而是来自不透明的手续费。客户会失去对银行的信心，继而渗透到金融服务的方方面面。在当下不断变化的世界中，人们会继续劳动，银行也会不断改革，因为没有人想一直待在令人不满的环境中。咨询者、银行和交易商都会去不断地适应新的金融环境，尽管这需要大量的合规约束、客户细分以及对服务的清晰界定。问题的本质是如何重获信任。因此，市场参与者必须要表现良好，再次给予市场信心。同时，强调诚实利润的重要性，即市场参与者遵守法律、诚实公开地赚取利润，它要求各方公平交易，这对证券业和资产管理行业都适用。企业也要舍弃通过投机取巧赚取超额利润的想法，即要公平公开合法地赚取合理的利润，这就是进步。

危机发生了，监管者就有义务帮助市场，没有监管者能保证危机不再发生，但监管者应该及时处理危机，降低损失，并尽量减少类似危机发生的可能性。总之，监管者要和从业者重建双向的信任，重树市场信心。

MANAGING ASSETS IN A NEW AGE

02

从全球不平衡到债务危机

中国面临的挑战

余永定

中国社会科学院学部委员

本文首先介绍了全球经济发展不平衡的表现以及美国次贷危机的形成过程。然后，从美国债务构成的视角来分析债务问题与经济危机之间的联系，并详细解释了美国应对债务危机的措施。最后提出中国在全球失衡和债务危机的国际环境中所面临的挑战。文中指出，中国作为美国最大的债权国，拥有过多美国国债，如何通过调节流量和存量保护自己，还需要学界和业界的共同配合来渡过难关。

余永定

中国社会科学院学部委员

余永定　1948 年 11 月生，广东台山人。中国社会科学院学部委员，中国社会科学院世界经济与政治研究所研究员、博士生导师，中国世界经济学会会长，联合国发展政策委员会委员。1994 年获英国牛津大学博士学位，1995 年任中国社会科学院世界经济与政治研究所研究员并获国家特殊津贴，1998 年任世界经济与政治研究所所长，2000 年当选中国世界经济学会会长，2004—2006 年任中国人民银行货币政策委员会委员。1981 年以来发表学术论文、文章数百篇，专著（含主编、合著）10 余部。研究领域包括宏观经济、世界经济等。

中国社会科学院（Chinese Academy of Social Sciences，简称 CASS）　中国哲学与社会科学研究的最高学术机构和综合研究中心。于 1977 年 5 月在中国科学院哲学社会科学部的基础上建立，前身最早可追溯至民国时期中央研究院社会科学研究所。中国社会科学院现有研究院所 35 个，研究中心 45 个，重点学科 120 个以及二三级学科近 300 个。中国社会科学院以学科齐全、人才集中、资料丰富的优势，在中国改革开放和现代化建设的进程中，肩负着提高中国人文社会科学研究水平和理论创新的重要使命。

全球不平衡的实质

全球不平衡是指以美国为代表的少数国家存在经常项目逆差，而其他国家，例如中国、日本和一些石油输出国，在相当长的一段时间内存在经常项目顺差。全球不平衡的实质是：美国入不敷出，通过不断积累外债来维持本国经济运行，其他国家则不断为其负债提供融资。

经济学家普遍认为这种现象的发展前景堪忧，不可持续。如图2—1所示，经济学家们所设想的危机发展过程为：经常账户赤字导致外债积累增加，当外债与GDP的比值增长至一定程度时，投资者可能不再投资美国债务，这时就会出现突然停止，也就是境外资金突然停止流入。但是，这一时点究竟何时发生则难以判断。接下来的是，美元大幅贬值，利率大幅上升，整个金融体系出现震荡，最终导致金融危机的发生。

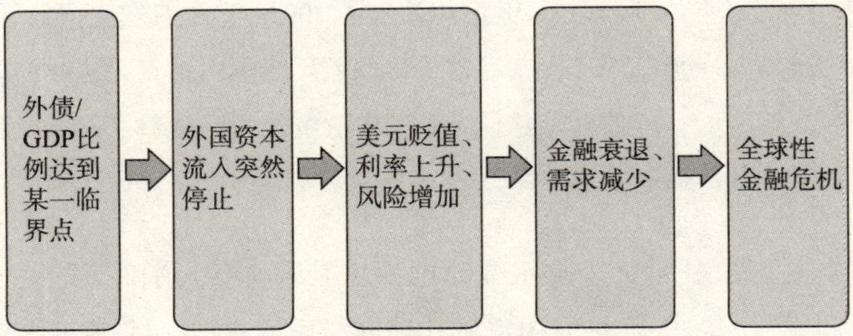

图2—1　预想的危机发展过程

但当2007年金融危机真的发生时，却与我们的预想不同，真正导致全球金融危机的是次贷危机。次贷危机发生的过程为：首先，美国次贷违约率上升，投资者不愿再持有次贷；其次，与住房抵押贷款相关的衍生金融工具，如担保债务凭证、抵押支持债券等价格下跌；接着，由于资产价格下跌，货币市场不愿再为其提供融资，使得金融机构不得不变卖资产还债。金融机构的这一去杠杆化过程，其实就是修复资产负债表的过程。最终，整个市场出现流动性短缺、信贷紧缩，从而导致了全球金融危机。这次金融危机的发展过程与预想的不同之处在于：第一，资本流入而非流出美国；第二，美元升值而非贬值；第三，利率下跌而非上升。

美国债务危机的真相

最初对此次危机的分析错误在于，虽然危机的实质仍是债务危机，但之前的分析只把注意力放在债务链条的某一个环节上，即外债和GDP的比值；而没有放在整个债务积累上，也就是总债务和GDP的比值，导致只见树木，不见森林。其中，总债务/GDP=居民部门债务/GDP+公共部门债务/GDP+公司债务/GDP。这里，外债和总债务的关系为：外债/GDP=（总债务–国内融资）/GDP。总债务和外债还是有很大区别的，比如，日本的国债占GDP的比超过了200%，却没有发生债务危机。而且，日本是净债权国，存在经常项目顺差。当国内融资无法弥补国内全部债务需要时，外债就是总债务和国内融资能力的缺口。但是，我们不能只关注缺口而忽略了整体。

如图2—2所示，总债务和GDP的比值居高不下并非美国一个国家的问题，冰岛总债务和GDP的比值就高达近600%，而美国大概是300%。学者们普遍认为，这种借新债还旧债的方式不可持续，那么，这一比例的临界值究竟是多少呢？有研究认为，各类债务的临界值如下：非金融公司债务 /GDP 为 90%，居民债务 /GDP 为 85%，国债 /GDP 为 85% 或 90%，外债 /GDP 大概是 25%。

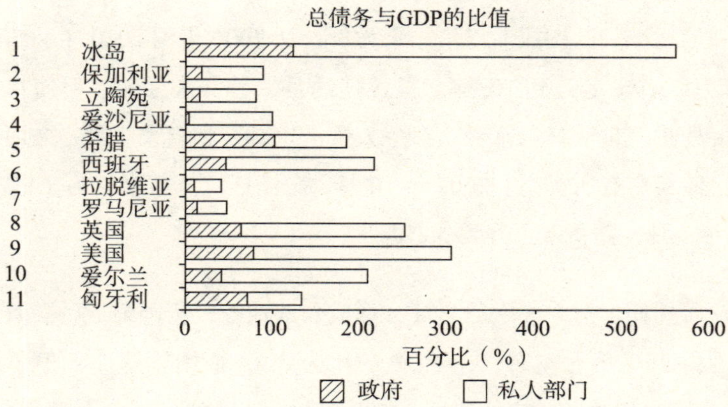

图 2—2　世界一些国家总债务与 GDP 的比值

总的来说，不管何种形式的债务，债务 /GDP 的比值达到一定水平就会发生危机。2007 年，美国总债务 /GDP 为 375%，居民债务 /GDP 为 100%，外债 /GDP 为 17%。奇怪的是，人们普遍认为外债 /GDP 达到 17% 已经很危险，但对高达 100% 的居民债务 /GDP 却毫不关心。因为居民债务属于内债，人们对于内债的容忍度要远高于外债。

美国债务危机应对之策

既然金融危机的原因是过度负债，那么，在雷曼兄弟倒闭 5 年后，美国的债务状况是否有所改善呢？答案是肯定的，美国经济各部门的资产负债表已得到修复，去杠杆化也取得了一定进展。具体来讲，私人部门债务好转，居民债务 /GDP 由 98% 下降到 84%，非金融公司债

务 /GDP 由 83% 下降到 77%；但公共部门债务却大幅恶化，国债 /GDP 由 56% 上升到 89%。不过总体来讲，美国债务状况已经有所改善。目前，其总债务 /GDP 也有所下降，维持在 350% 以下。美国居民负债改善的原因是：一方面，违约率的上升。居民债务由住房抵押贷款、学生贷款和信用卡贷款构成。以信用卡为例，从 2006 年到 2010 年，信用卡销账率从 3.1% 上升到 10.9%。虽然违约是一种解决办法，但债权人因此损失严重。且从长远来看，债务人资信也会受到损害。另一方面，美国居民储蓄率有所提高。2007 年 10 月，美国居民储蓄率仅为 2.1%；到 2012 年 7 月，储蓄率上升到 4.2%。

众所周知，财政赤字的累计会形成公共债务，美国最近的财政赤字规模在一万亿美元左右，占 GDP 的比为 8%，而中国这一比值不超过 2%。美国总国债 /GDP 已超过 115%，这在整个美国历史上都很少见，即便 20 世纪 40 年代的大萧条过后，美国的总国债 /GDP 也只有 120%。美国公共财政恶化的原因：一是，为克服次贷危机及其后果，政府通过大幅增加开支来稳定金融市场，刺激经济增长；二是，经济衰退导致政府税收减少；三是，由于一些长期因素，比如医保等，使得美国政府支出增加，收入减少，债务状况恶化。截至 2012 年 10 月，美国国债总数已达到 16 万亿美元。所以，美国政府很难再使用扩张性财政政策来刺激经济。而对于货币政策来说，美国联邦基金利息率已降至 0.25%，再无可降。所以，货币扩张成为美国刺激经济增长的唯一手段。

截至目前，美国已实行三轮量化宽松的货币政策。第一轮从 2008 年 11 月 25 日起实施，主要由美联储购买与抵押住房贷款相关的“有毒资产”，支撑资产价格，稳定金融市场。第二轮从 2010 年 11 月 3 日起实施，由美联储大量购买国债。第三轮从 2012 年 9 月 13 日起实施，美联储以每月 400 亿美元的规模购买抵押支持债券，且这一操作在原则上是无限期的。美联储实行的是扭曲操作，购买长期国债，卖掉短期国债，使资产负债表发生了很大变化。在危机发生前，美联储资产主要是国债；危机发生后，美联储购买了大量不良资产，比如抵押支持债券和政府机构债券。2011 年后，抵押支持债券增加不多，而国债则增加迅速。与资产增加对应的负债方——商业银行，在美联储的准备金急剧增加。现在，美联储已成为美国国债的最大持有者，这是很不正常的，因为国债应该是卖给公众的。通常，中央银行持有国债是为了公开的市场操作，美联储现已拥有 2 万亿美元国债，但其在危机前只拥有 3 020 亿美元国债，增长幅度达到 5.6 倍。同时，负债方商业银行的基础货币急剧增加，从危机前的 8 000 亿美元增长到 2012 年的 3 万亿美元。正常来讲，如果基础货币增加，货币乘数不变，那么，广义货币也会增加，商业银行给企业发放的贷款也会增加。但现实是，商业银行的贷款意愿不足，广义货币没有相应增加，即货币乘数下降。因此，货币扩张速度缓慢，对经济的刺激作用有限。

既然货币扩张缓慢，对经济的刺激作用极为有限，那么，美国实行量化宽松政策的真正目的是什么呢？第一，抬高资产价格。通过购买长期国债，提高长期国债价格，从而降低国债的长期收益率。驱使投资者购买其他风险较高的资产、提高资产价格，并通过财富效应增加消费和投资。第二，制造通货膨胀。商业银行的超额准备金增加会导致广义货币增加，从而使通货膨胀率上升。通货膨胀率的上升降低了实际利息率，从而减轻政府和居民的债务负担，并鼓励消费和投资。第三，诱导美元贬值。由于个人消费不可能有很大增长，而财政开支的增长也受到限制，因此，刺激需求的着力点只能是刺激出口，减少贸易逆差，这又需要美元贬值。低利息率能达到刺激资本外流、导致美元贬值的目的。第四，降低国债利息率。通过发新债还旧债的方式来周转债务。美国经济学家保罗·克鲁格曼（Paul Krugman）认为，美国财政赤字货币化的真实目的是通过通货膨胀赖掉债务，从而减少债务负担。

中国面临的挑战

中国是继美联储之后美国国债的最大持有者，也是最大的海外持有者。到2009年1月底，中国持有7 390亿美元的美国国债。到2012年3月，这一数字增至1.17万亿美元。量化宽松的货币政策使美国国债收益率非常低，十年期的收益率仅为1.64%，三十年期为2.8%。相比之下，欧洲国家，比如西班牙、意大利的国债收益率高达7%。中国拥有4.7万亿美元的美国净资产，而通过引资和借贷，中国仅积累了2.9万亿美元的对外债务。也就是说，中国有近2万亿美元的净债权。如果利息率为3%，中国在2011年应该有利息收入近600亿美元，但实际情形是，中国不仅没有收到利息，反而付钱给别人。造成这一现象的原因是：第一，中国持有的债权基本上是美国债券，而美国国债的收益率非常低。第二，在债务方面，外商直接投资（FDI）的收益率不确定。根据美国大型企业联合会2008年的调研数据，美国在华企业年平均回报率为33%；世界银行的调查显示，跨国公司在华投资回报为22%。第三，中国债权债务的币种结构问题。中国的债权几乎全部是美元，而债务则是人民币，在美元贬值的情况下，就会存在很大损失。

中国正面临着美国通过通货膨胀或其他方式使外债贬值的风险，而欧洲正在向美联储看齐，通过压低利息率的方式使债务可持续。2013年，欧洲中央银行就推出了三年长期再融资操作（LTRO），通过向金融系统提供大量流动性，购买国债，降低利率来渡过难关。

综上所述，这场由债务危机引起的全球金融危机远没有结束，西方债务国都在采取印钞票的方法来缓和债务危机。目前，基础货币的增加尚未造成通货膨胀，但以后是否会以及具体路径如何，都有待于进一步研究。还有，美国释放的流动性如何收回也没有先例。中国作为美国最大的债权国，拥有过多美国国债，如何调节流量和存量来保护自己，还需要学界和业界的共同配合来渡过难关。

MANAGING ASSETS IN A NEW AGE

03

全球市场展望以及长线投资文化在中国的发展动态

陶博宏

富达国际投资亚太区（除日本外）董事总经理

本文介绍了中国资产管理行业激动人心的发展与机遇。通过结合 2014 年富达分析师研究报告的结果，阐述了在当前全球经济格局下对 2014 年金融市场的展望，以及富达分析师的投资观点。本文还将会探讨投资者应如何应对经济领域发生的各种变化，以及富达采取的应对举措。作者始终坚信，要在资产管理行业中取得成功，秉承以客户为中心的经营理念至关重要。

陶博宏

富达国际投资亚太区（除日本外）董事总经理

陶博宏（Mark Talbot） 富达国际投资亚太区（除日本外）董事总经理、全球运营委员会成员，全面负责管理富达国际投资在亚太区的业务，包括在澳大利亚、中国内地、中国香港、新加坡、韩国和中国台湾建立强大的零售和机构业务。拥有 20 年资产管理经验，在 2011 年加入富达国际投资前，曾任巴克莱国际投资管理公司巴克莱驻香港的亚洲区（除日本外）执行总裁、巴克莱亚洲固定收益产品投资总监、道富环球投资管理国际债券部主管。毕业于英国圣安德鲁斯大学，持有数学荣誉学士学位。此外，他还拥有特许金融分析师（CFA）资格，被中国证券投资基金业协会国际会员委员会任命为执行联席主席。

富达国际投资（Fidelity Worldwide Investment） 全球领先的资产管理企业之一，致力为英国、欧洲大陆、中东及亚太地区的个人及机构投资者提供专业投资产品与服务。富达成立于 1969 年，截至 2014 年 6 月 30 日，业务遍及 24 个国家，职员超过 6 000 人，资产管理规模达 3 728 亿美元，拥有逾 500 万名客户，管理 690 只股票、固定收益、房地产及资产配置基金。富达的专业研究团队是全球规模最大的团队之一，研究人员遍布全球 12 个国家和地区。

美国，全球股市的领头羊

过去一年全球市场呈现出一个显著的特点，即发达国家股市的表现优于新兴市场，一举扭转了前10年的态势，而美国股市的表现尤其令人振奋。鉴于新的结构性驱动因素的出现，包括页岩气的开采以及基础赤字和债务问题取得了实质性进展等，我们已经多次提醒投资者关注相比其他地区更具吸引力的美国股市。美国能源价格的下降将会使美国制造业的前景发生翻天覆地的变化，从而营造出一个能够与中国等国家或地区的竞争对手分庭抗礼的竞争环境。

事实上，受益于预算赤字和贸易赤字的结构性改善，我们认为美国经济正处于与其过去20年相当的健康水平。2009年，美国赤字与GDP之比为10%，约为1.5万亿美元。美国国会预算办公室预测，美国赤字与GDP之比将在2015年降至3%，与GDP增速接近。这意味着，美国债务问题将基本稳定。此外，受到页岩气开发的推动，美国贸易状况30年来首次在经济增长时期有所改善。页岩气田的商业开发使美国的石油进口量从每天1 200万桶下降至800万桶，这一数字预计将会进一步减少。

然而，部分投资者开始质疑，美国经济和股市在表现强劲并重新调整估值后能否继续成为全球股市的领头羊。我们认为答案是肯定的。虽然美国经济在2014年年初表现温和，但其复苏强度和持久性将为投资者带来惊喜。因其市场波幅和估值仍处于较低水平，尽管投资者担心盈利能力可能会“触顶”，但企业盈利仍有望进一步提高。鉴于流动性的前景看好，“股票热潮”的回归能够支撑长达数年的牛市。

利率周期仍是投资者关注的焦点之一。近期，在被问及对量化宽松政策逐步缩减后多久会启动加息周期时，美联储主席珍妮特·耶伦（Janet Yellen）透露了一个时间点：6个月。虽然该消息促使市场波幅上升及股市下跌，但十年期美国国债却未做出任何反应。这表明，债券投资者并不担心通胀风险。目前，通胀水平极为温和，未来升温的压力也不大。现在，市场已对量化宽松政策如何缩减有了充分的了解，加之珍妮特·耶伦在美国失业率问题上持温和立场。因此我们认为，美联储的立场将会继续为市场提供支持。

提振信心，主动应对

再来看其他地区：大部分新兴市场正面临着各自的结构性问题，预计各新兴市场的表现将会出现显著差异。因此，投资者应采取积极主动和区分优劣的投资策略。中国等积极应对结构性挑战的经济体将成为投资者重点关注的市场。尽管投资者信心有所提振，但欧洲各经济体和市场依然面临实质性的阻力。与此同时，英国市场需要解决若干政治问题，而日本亦需推行结构性改革。

欧债危机引发的大范围结构性调整预计将再持续两至三年。尽管西班牙、意大利和希腊等外围国家的就业薪酬有所提升，但这同时也推高了社会成本。由于继续施行紧缩政策，欧洲市场未来将面临通缩压力。欧洲所面临的核心问题仍然是，银行系统资本不足以及欧元区外围国家的主权债务风险。不过，股市表现并非是对一国国内经济状况的简单反映。作为个股投资者，我们仍然能够在欧洲找到极具吸引力的投资机会，尤其是那些拥有强大品牌、已经渗透至正快速成长中的海外市场并拥有创新型企业文化和稳健现金流的企业。

日本首相安倍晋三推出大胆的财政和货币政策使日本股市于2013年大幅上涨。“安倍经济学”的前两支箭——财政支出和货币刺激，应能推动日本GDP在未来12个月实现增长。有鉴于此，日本股市仍然存在上升空间，但本轮上涨能否演变为可以延续数年的牛市则见仁见智。安倍晋三若要取得成功，关键在于第三支箭——结构性改革。尽管我们听到了许多承诺，但市场更为关注对承诺的兑现。除非劳动力增加或生产力提升，否则，日本经济的增长率将不会提高。安倍晋三提到让更多女性加入劳动力队伍，但他似乎又不太可能放松移民管制。因此，投资者需要看到结构性改革取得了更多进展之后，才能确信日本经济能真正实现复苏。

2003—2007年，中国经济的崛起以及美元贬值和商品价格上涨使得新兴市场亦得到发展。目前所处的经济环境与以前也完全不同，各新兴市场都发生了翻天覆地的变化。我们认为，新兴市场必须摒弃单纯依靠出口的经济模式，并深入推行结构性改革。进行此类改革的国家，如中国，应能取得良好效果；而拒绝改革的国家则可能会继续面临阻力。毋庸置疑，新兴市场不能再依赖于美元疲软和商品价格上涨所带来的好处。从资产管理公司的角度来看，这种回归基本面的趋势以及各新兴市场间的分化将有利于主动型的投资管理机构。这类机构致力于投资这些国家中最优秀的企业，而不仅仅是跟从宏观经济数据进行投资。

中国长期增长的动力之源

中国遇到了许多系统性难题，包括地方政府债务问题、部分理财产品透明度缺乏、房地产贷款问题以及将经济结构从依赖固定资产投资调整为以内需为主的政策挑战，使中国股市在过去几年中的表现一直逊于亚太地区的其他市场。中国是亚洲经济发展的动力之源，中国经济的走势将对亚洲其他国家产生重大影响。因此，中国近期遇到的困难给该地区整体的市场情绪蒙上了一层阴影。

然而，中国政府在十八届三中全会上公布的改革被公认为是广泛而全面的，有可能从更长远的角度重塑中国经济，但前提是能够保证落实到位。尤其是随着受益于城镇化进程和富裕人群的增多，个人消费增长已成为中国经济的长期主题。因此，我们认为有几个行业存在巨大的投资机遇，其中包括 IT、医疗卫生以及可再生能源。总体而言，我们对这些改革的最终成果持积极态度，并认为它们将有助于巩固中国在投资者心中不可忽视的市场地位。

上海与香港股票市场交易的互联互通机制——“沪港通”，使投资者可以通过上海证券交易所买卖在香港上市的股票，以及通过香港联交所进行 A 股交易。此外，监管部门还计划出台内地 / 香港基金互认安排，允许内地投资者认购符合条件的香港共同基金、香港投资者认购内地符合条件的共同基金。国务院于 2014 年 5 月 9 日宣布出台一系列资本市场改革措施，即新“国九条”，其中包括建立一个允许地方政府直接发行债券的系统、简化首次公开发行股票（IPO）的审批流程以及取消部分使用金融衍生工具的限制。国务院也希望通过增加合格的境外机构投资者（QFII）和合格的境内机构投资者（QDII）配额，从而加快开放资本市场的步伐。

未来之路依然任重道远，需要更多全球性的多元化投资组合、长期投资原则和更强大的研究平台。实现这些目标后，资产管理机构便能够专注于打造品牌和声誉，并提供最优质的投资表现以及一流的客户服务，从而赢得公众的信赖。而监管机构则可以通过不断地协调和巩固监督机制为此提供支持。我们认为，作风稳健且专注于长期投资理念的资产管理行业完全符合中国的最终利益。

以客户为中心，企业经营之本

展望未来，由于竞争加剧以及监管、技术和市场的不断变化，全球资产管理行业的格局亦会出现显著变化，因此，只有有能力适应这一系列改变的管理机构才能继续生存。打造一家全球性的资产管理公司需要持之以恒的毅力，这意味着要了解客户的需求、为他们提供帮助和指导，并实现卓越的投资回报。这也要求资产管理公司建立长期投资的原则和程序，大力培养人才、开展培训以及采用先进的技术。

加大对投资者的教育力度并将与客户的联系手段扩大到数字和移动渠道，这些都至关重要。另外，我们必须努力帮助客户着眼长期，不为短期的市场波动所影响，进而实现投资目标。为客户实现理想的投资回报是我们的最终目标。即使我们在其他各方面均表现出色，但实现具有竞争力的投资回报并展现出长期优于同类机构的业绩记录仍然至关重要。富达国际投资的任务简单而明确，那就是一切从客户的切身利益出发，帮助他们实现财务目标。这是我们自 1969 年以来一直秉承的经营之道，也因此才能不断赢得客户的信赖。

“动物精神”升温，2014 年富达分析师研究报告的启示

富达国际投资发表的名为《重现动物本能，回归市场基本面》的 2014 年度分析师研究报告发现：管理层对于资本开支和投资的信心有

所增强。为了解全球企业情况，报告征询了富达股票和信用分析师的意见。研究发现，企业信心的增强正在转化为对股东有利的活动。例如，股息派付的稳定和并购活动的增加。该报告还发现，在当前周期阶段，成熟市场的表现强于新兴市场，知识型经济股票的表现优于硬资产型股票。这将有利于富达“由下而上”的主动型投资策略。随着经济波动和不确定因素逐渐消退，在当下的市场环境中，开展基本面研究有望创造更大的价值。

本研究报告的主要研究结果如下：

管理层信心增强，对股东有利的活动增多。

- 更多公司对于未来一年满怀信心，这反映出迄今为止经济复苏的力度强劲并已回到“正轨”。资本开支呈现出从历史低位逐步回升的良好迹象，但时间尚未明确（2014年或2015年），而且最初的回升速度可能会相对较慢。
- 股票和债券市场预计将会出现大量并购，市场预期将增加股息派付。同时，金融股和医疗保健股有望成为领头羊。
- 对于企业债券投资者而言，信贷周期已进入成熟阶段，基本面持续恶化，估值不断收紧。“事件风险”将日益成为主导因素。
- 前景展望为“谨慎乐观”。目前，企业正将其资产负债表上的大部分现金重点投资于对股东有利的活动，增加并购及派息。

成熟市场表现强于新兴市场，知识型经济股票表现优于硬资产，美国市场脱颖而出。

- 从基本面来看，成熟市场的表现明显强于新兴市场，美国脱颖而出成为表现最好的地区。就商业信心、资本开支前景、股息增长潜力和财务稳健状况而言，我们的分析师最看好美国。
- “安倍经济学”的改革措施为日本企业管理层带来正面的驱动力，长期落后于其他成熟市场的资本回报率有望提升。因此，日本在回归资本增长方面的前景最为乐观。
- 医疗保健及科技等重视知识产权的行业（主要位于成熟市场）的表现优于材料及能源行业。制药及 IT 行业的资本回报率有望提高，而能源及材料行业的资本回报率预计会下降。
- 由于商品超级周期的消退以及中国经济增长放缓，发展中国家正在寻找新的增长模式。中国正推行结构性改革，致力于从出口导向型经济增长模式向内需拉动型经济增长模式转变。

在差异化日益加剧的市场环境下，开展基本面研究将变得至关重要。

- 在过去 18 个月中，政策不确定性和市场波动已经恢复至较为稳定的历史正常水平，并进一步推动了股市的持续回升。但是，政府加强了对许多领域的监管力度和审查力度，可能会对部分行业造成压力。
- 公司管理层不再担心出现系统性金融风险和危机扩散等重大尾部风险，之前这些风险曾为其决策蒙上了一层阴影。
- 尽管增速较慢，但该因素促使资本开支重拾升势，这将有助于形成一种更具差异化且由基本面主导的市场环境。在这种市场环境中，“自下而上”的研究方法将使投资者更具优势。

- 股市将重新为资本配置效果最好的企业提供回报，因此，公司在为股东创造价值方面的差异将会更加明显。
- 从固定收益的角度来看，随着杠杆水平攀升和估值收紧，信贷周期已进入成熟阶段。
- 由于企业日益注重对股东有利的活动，信用分析师将更多地利用股票分析来确定对并购、杠杆收购及股息事件最敏感的信贷，以确保获得有效的分析结果。

MANAGING ASSETS IN A NEW AGE

第二部分

行业·观察

MANAGING ASSETS IN A NEW AGE

04

回溯历史，展望未来

对冲基金大未来

罗然志

英仕曼集团亚洲区主席

本文对对冲基金的特点、发展现状及监管架构等问题进行了深入分析。首先回顾了对冲基金行业的发展，并就传统投资工具与对冲基金的区别做了分析。接着就对冲基金行业未来的发展趋势提出了前瞻性的观点。最后详细地介绍了美英两国的对冲基金行业监管系统，内容涉及主要的监管机构、相关法律条例和其他监管措施等。

罗然志

英仕曼集团亚洲区主席

罗然志（Pierre Lagrange） 为 GLG 生命科技集团创始人兼董事总经理，也是英仕曼行政委员会成员及英仕曼亚洲区主席，拥有布鲁塞尔自由大学苏威商学院（Solvay Business School）硕士学位。他在投资组合管理及投资研究方面拥有超过 24 年的经验，此前曾供职于埃克森化工、摩根大通和高盛。1995 年，罗然志与其他合伙人一同创立 GLG Partners，目前全面负责全球股票的投资项目，包括不同产业类别的空头及多头基金。GLG 生命科技集团于 2010 年 10 月被英仕曼收购，罗然志于 2011 年被任命为英仕曼的执行委员会成员及亚洲区主席。

英仕曼集团（Man Group） 历史悠久，凭借着创新思维、刻苦经营的理念和真正的企业家精神不断创新、向前迈进，由 1783 年的酿油桶制造商发展成为今天全球最具规模的独立另类投资管理人，成为英国富时 250 指数（FTSE 250 Index）的成分公司（UK：EMG）。英仕曼在全球约有 1 000 名员工，管理资产规模达 541 亿美元，其业务涵盖多种不同投资产品及投资管理策略。虽然旗下的投资专家以独立的方式运作，但同时又都受益于英仕曼强劲的运营平台、财务支持以及集中的后台运营，令其专业的投资团队能够专注于投资管理及研究。

对冲基金历史纵览

对冲基金是追求投资绝对收益的另类投资工具，“对冲基金”这一概念囊括了投资于金融市场（股票、债券、商品、货币、衍生工具等）中一切追求绝对回报的基金以及对非传统投资组合管理技术的运用，主要包括卖空、杠杆操作、套利、掉期等。

对冲基金的起源

1949 年，阿尔弗雷德·温斯洛·琼斯（Alfred Winslow Jones）① 在美国创建了世界上第一只对冲基金。20 世纪 80 年代末，对冲基金行业突飞猛进，现已成为机构及个人客户投资组合中的一个关键组成部分。对冲基金通常被用于投资组合中，而非独立投资，针对的是传统股票及债券投资组合的中、长期投资。对冲基金的表现通常与传统投资的关联性不大，尤其在下跌市场中，相关性往往很低。对冲基金通过融合多种不同技术的对冲方法，对多元化的金融工具和市场进行投资，其组合的建构旨在创建一种特定的收益风险组合，并对整体组合中的风险进行合理分散和平衡。因此，对于大多数投资组合而言，对冲基金是分散风险的最佳方法。其主要特征如下：

① 阿尔弗雷德·温斯洛·琼斯（1900—1989）：美国社会学家、作家、金融记者，被誉为对冲基金的鼻祖。1949 年任职于《财富》杂志期间，受命调查市场分析的技术方法并撰写文章，在文章发表两个月前，创建了一家合伙投资公司。公司带有后来对冲基金的经典特征，被认为是世界上第一家对冲基金公司。

- **绝对收益**：对冲基金经理追求绝对收益，而不是与指数或基准挂钩的相对收益，这样即便在传统市场下跌或盘整时，对冲基金也可以获取正收益。
- **基于技术的策略**：对冲基金的收益通常来源于对冲基金经理对其所选择的投资策略的运用，而非纯粹依赖于上升市场中的资产增值。
- **灵活性**：对冲基金可以利用多种金融工具进行做多和做空。
- **多元化**：对冲基金经理跨越多个市场和交易所，可以对多种金融工具进行投资，如股票、债券、货币和衍生工具等。
- **利益的一致性**：对冲基金经理通常将自己的资金也投资到基金中，因此，他们的利益与投资人的利益一致。

对冲基金与传统基金的区别

对冲基金投资与传统基金投资有很多不同之处，最主要的不同在于，对于对冲基金而言，决定收益的是基金经理获得超额收益（“阿尔法”）的能力，而不是市场或某种资产类别（“贝塔”）的业绩表现。传统的资产管理人一般只对股票、债券和现金进行多头投资，按照基准指数对投资组合进行管理，其目标是跑赢基准指数。投资组合的相对权重一般与基准的偏差不大，所以，收益情况与基准指数非常接近。因此，传统的投资经理在市场下跌中很难取得收益。

在金融领域中，“对冲”一词可被定义为“防范损失风险”。因此，任何声称对冲基金比传统投资策略的风险更大的推断都是错误的，尤其是在传统做多的投资方法下规避市场下跌风险的途径远远少于对冲基金。对冲基金行业最重要的理念就是，某一投资策略的成败源于基金经理获得超额收益的能力，而非市场表现或某种资产类别所获得的相对收益。另外，这一点也体现在对冲基金经理根据业绩来获取报酬，以及他们所享有的可投资于更广泛的金融工具和资产类别的自由权。对冲基金经理利用多元化、不断演变的交易策略来获取收益。因此，对冲基金可以在熊市和牛市的情况下实现投资的多元化并进行有效的风险管理（见表 4—1）。

表 4—1 传统投资 VS 对冲基金

传统投资	对冲基金
有限的投资机会	可以有效利用价格扭曲带来获利机会
主要依赖于“贝塔”	注重获取由“阿尔法”主导的绝对收益
以相对回报为目标	以绝对表现为目标
收费架构较简单	基金经理与投资者的利益一致
可作分散投资的资源有限	采用多种策略
不能有效分散风险	追求低风险高收益的回报

对冲基金的主要分类

根据不同的风险收益特征，对冲基金类型可以被分为 5 大类，每一类对冲基金又包含大量子策略。这 5 类对冲基金有不同的回报特征，因此，每一类的收益动态也各有不同。一个最理想的投资组合，是由一系列相关性较低且多元化的投资策略组成的。因此，这 5 类对冲基金之间及其与传统资产的关联性相对较弱：

- **股票对冲：**持有固定或不同数量的净多 / 空头寸的相关资产，通过做多价值被低估的股票或做空价值被高估的股票来获利。
- **管理期货：**利用电脑程式交易策略买卖金融工具及货品的期货及衍生产品（系统性、长期趋势追踪模型）。

- **全球宏观：**分析宏观经济变化趋势，利用不同市场、资产类别和金融工具上升及下跌趋势把握投资机会。
- **事件驱动：**买入及卖空正在经历或涉及重大企业变化（合并套利、受压证券及特殊事件）的公司证券。
- **相对价值：**利用相关证券的错误定价与价格变化之间的关系（可转债债券套利基金、固定收益套利基金、统计模型套利基金）。

对冲基金的优势与风险

对冲基金的优势之一在于，从下跌市场中获利以及在市场危机期间保护投资组合的能力。根据投资类型和对冲基金类型，用于保护投资组合免受下跌市场影响的投资策略也会有所不同。然而，总体来说，对冲基金之所以能够从下跌市场中获利，是因为它们可以利用价格下跌（通过卖空），运用动态交易策略，并通过更多样且更灵活的资产配置来获利。这些下行风险管理特性表明，对于对冲基金常见的“高风险、高收益”的看法是错误的。

可见，对冲基金的优势具体表现在以下三个方面：

- **业绩表现优秀：**对冲基金经理选择投资策略时通常不受限制，能够投资于任何资产类别或投资工具。因此，他们以稳定的绝对收益为目标，而不是跑赢基准指数。
- **相关性低：**对冲基金通过利用一系列投资策略（金融工具），在上升和下跌的市场环境中都能获利，而且能够在与传统投资相关性很低的情况下获得回报。
- **下跌限制：**对冲基金通过利用多种对冲策略寻求抵御并尽可

能地从下跌市场中获利。对冲基金可以有效应对下跌市场，并利用更加多元化的方式和更活跃的资产配置来获利。

在考虑对冲基金投资时，投资者应该考虑到多种风险，例如：

- 投资损失
- 流动性问题
- 杠杆运作
- 投机性投资行为
- 对特定资产进行评估的困难
- 费用增加
- 有限的监管保护

与其他所有投资一样，对冲基金可能亏损，也可能盈利。投资者在考虑一切投资之前都应该征求专业人员的建议。

对冲基金业的发展及机构化

对冲基金业的发展

对冲基金的数目及其管理的资产在过去20年中持续增长。在市场扩大的同时，投资者的兴趣和偏好也一直在发生变化。2008年金融危机之后，大量机构投资者才意识到了解他们所投资的对冲基金的潜在风险和运作机制的必要性。一份针对对冲基金投资人的调查结果显示，投资者在选择对冲基金时，较为看重的几项指标分别为基金的透明度、董事会教育、赚取低相关性的回报以及流动性（见图4—1）。总体而言，具有机构实力优势的基金公司更受投资者青睐。

投资人在选择对冲基金时，更看重以下指标：

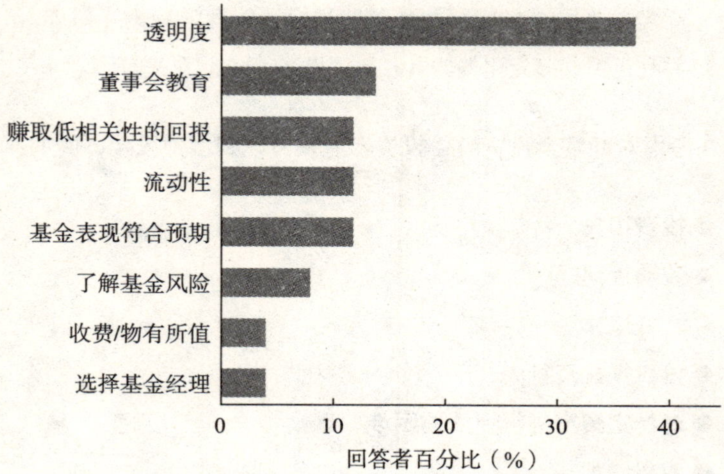

图 4—1　投资人在选择对冲基金时所看重的指标

资料来源：SEI Knowledge Partnership 及 Greenwich Associates, 'The Era of the Investor. New Rules of Institutional Hedge Fund Investing'. 2010 年 1 月。

对冲基金业的机构化

由于投资者追求更高质量的对冲基金公司，规模效应就会影响对冲基金行业的发展。从 2001—2011 年，较小规模的对冲基金公司在对冲基金市场上的占有率从 56% 下跌至 13%，而资产在 10 亿美元以上的对冲基金公司的市场份额到 2011 年已经超过了 87%。至于各公司所管理的资金的变化情况，大型对冲基金公司的资产从 2001 年到 2011 年增长了 44.1%，而较小规模的对冲基金公司资产则无一例外地减少了。因此，这一趋势非常清楚地表明，资产持续流入大型对冲基金公司，因为高质量的对冲基金公司往往会在人力资本、系统维护和研究项目方面投入更多，更加注意与监管部门的沟通以及向投资人披露信息。

历史会解释一切，但新的时代总会来临。更重要的是，我们要从历史中有所学习，仔细审视现状，然后对未来做出合理的预测。下面是对冲基金公司对于自身行业进一步发展的看法。

第一，经过最近几轮金融危机，对冲基金的主要优势更加突显，即更有吸引力且更多元化的回报、更为积极的下跌风险管理以及更低的波动率。

第二，对冲基金产品的结构和特征已变得更加透明，比如，发行了更多受监管的在岸产品，拓展了提供特种基金管理解决方案的服务。

第三，全球市场对对冲基金加强监管，使得对冲基金行业更加透明、可控，对投资者更为有利。

就投资者而言，机构投资者的投资力度有明显的增长趋势，包括对冲基金公司、国库基金、慈善机构、大学基金会、养老金、银行、保险公司及其他金融机构（见图 4—2）。

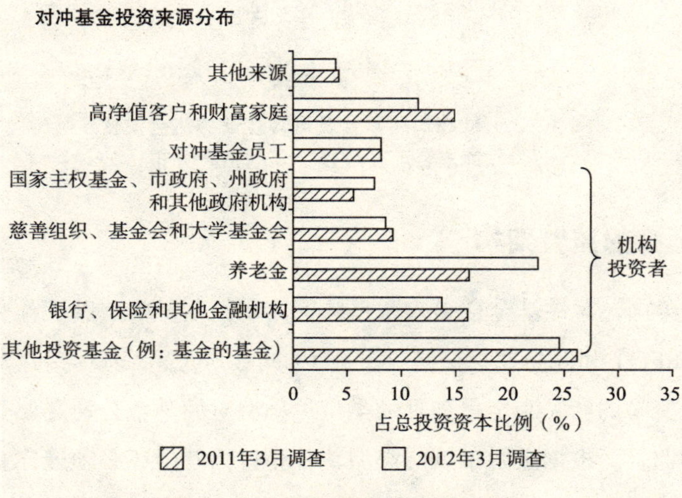

图 4—2　对冲基金投资来源分布

可转让证券集合投资计划（UCITS）开始于欧盟，并形成了自己的资产池，该类基金资产仍然处于资产管理行业的绝对主导地位（见图 4—3）。截至 2012 年 6 月，欧洲对冲基金资产总值为 4 240 亿美元。UCITS 资产总值升至 960 亿美元。结合的资产总值仍然比 2007 年 12 月高峰时低 10%。

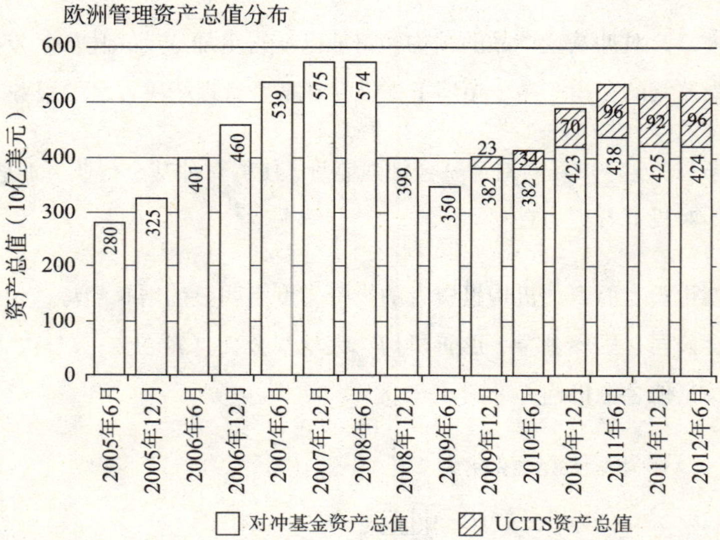

图 4—3　欧洲对冲基金及可转让证券集合投资计划资产在过去 7 年的资产分布

对冲基金的监管架构

在美国，对冲基金被纳入联邦监管体制，主要由美国证券交易委员会（SEC）和商品期货交易委员会（CFTC）负责，具体适用规则取决于所交易的产品和金融工具的类型。小型对冲基金公司还要受到州政府的监管。根据金融工具的类型，有些目标基金还必须遵守金融法案。就英仕曼来说，集团在美国就一直受到上述这两个核心监管机构的监管。

在英国，资产管理公司受到金融业服务管理局（FSA）的监管，管理局中有一个专门的金融团队负责管理对冲基金。金融业服务管理局的金融团队中有一名专员负责对英仕曼集团进行日常监管。最近，欧盟监管机构对对冲基金进行了改革和整合，监管程度在金融危机之后变得更加严格。例如，在欧盟地区，可转让证券集合投资计划的营销和销售业务应该专门被纳入另类投资基金经理指令（AIFMD）的监管框架中。

虽然欧洲和美国目前仍然对对冲基金实行不同的监管规则，但市场需求已经强烈表明，这两个地区的监管规则应该保持一致，两地的监管机构应该致力于提出并实施可行的兼容性监管规则和政策，为全球对冲基金创建一个公平、有竞争性的“角斗场”。

MANAGING ASSETS IN A NEW AGE

05

在监管中前行

对冲基金行业发展与规管

安德鲁·贝克/基里·克罗尔

另类投资管理协会行政总裁/另类投资管理协会行政副总裁

本文合著者之一安德鲁·贝克分别从业绩、市场集中度、资金流动、资金来源结构以及波动率等5个方面，指出了当前全球对冲基金业发展的主要趋势。另一合著者基里·克罗尔介绍了典型对冲基金的结构及欧美另类投资基金的监管政策，并分析了欧盟另类投资基金和另类投资基金管理人的界定，阐释了指引另类投资基金管理人的具体规定。最后详细介绍了美国三类另类投资基金的注册及监管要求。

安德鲁·贝克

另类投资管理协会行政总裁

安德鲁 · 贝克（Andrew Baker） 伦敦帝国理工学院数学和理学学士，2007 年 8 月加入另类投资管理协会，现任另类投资管理协会行政总裁、特许另类投资分析师协会（CAIA）董事。贝克有 28 年资产管理行业工作经验，此前曾任施罗德集团另类投资首席运营官、高清国际和瑞银资产管理的投资组合经理。

基里·克罗尔

另类投资管理协会行政副总裁

基里 · 克罗尔（Jiri Krol） 伦敦政治经济学院经济学硕士、美国塔夫斯大学国际关系、经济学学士。2010 年 4 月加入另类投资管理协会，现任行政副总裁。加入另类投资管理协会之前，曾在欧盟委员会负责对金融稳定委员会、20 国集团（G20）的政策协调工作，并曾任捷克财政部金融市场政策主管、欧盟政策干事。

另类投资管理协会（AIMA） 成立于 1990 年，总部设在伦敦，代表所有另类投资管理行业的从业人员，包括对冲基金的基金经理、机构经纪商、法律和会计公司、投资者、基金管理者和独立基金董事等。会员涵盖范围广泛，超过 1 400 家公司（7 000 多位联系人），大多位于世界各地较大的金融中心，遍布 50 多个国家。截至 2014 年 3 月，协会成员管理资产共计 1.5 万亿美元，占全球对冲基金行业管理的总资产约 50%。

对冲基金大发展
（安德鲁·贝克的演讲）

图 5—1 显示的是一系列主要投资类别的绩效与对冲基金指数的对比。图中展示的对冲基金指数由一家对冲基金研究机构在美国芝加哥收集得来，反映包含的对冲基金在显示期间的综合绩效，并用来比较全球债券、股票和大宗商品等不同指数的绩效。如图所示，对冲基金的绩效于 2008 年和 2009 年期间出现波动，但相较所有其他指标，对冲基金指数表现出较强的复苏迹象，波动性甚至低于其他指数，例如与之相比的大宗商品指数的波动幅度却很大。全球对冲基金业资产管理规模总额约达 2.5 万亿美元。因为全球各地有很多小规模的基金管理人，通常是单独计算资产管理额高于 10 亿美元的基金管理人的数目。全球超过 10 亿美元资产管理规模的基金大部分集中在美国，其次是英国（见表 5—1）。

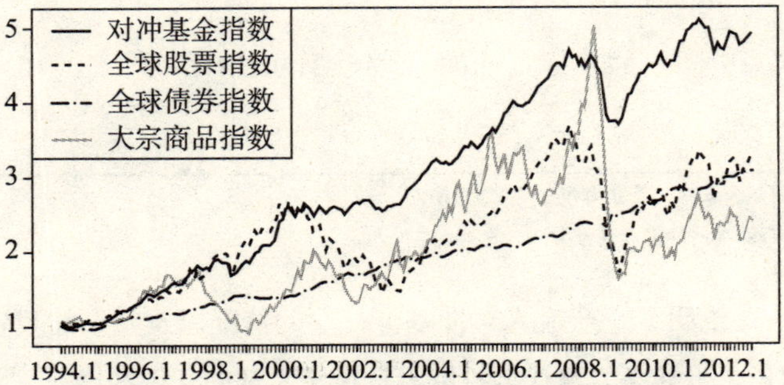

图 5—1　1994 年以来另类投资行业的表现

资料来源：对冲基金研究中心，KPMG/AIMA 报告，《对冲基金业对投资者、市场和整体经济的价值》，2012年4月。

表 5—1　全球对冲基金资产管理规模

国家或地区	基金管理人数目	占全球基金管理人总数百分比（%）	资产管理规模（每十亿美元）	占总资产管理规模的百分比（%）
美国	251	67	1 400.3	73
英国	57	15	267.3	14
瑞士	3	1	2.8	0
俄罗斯	2	1	2.9	0
新加坡	8	2	11.6	1
瑞典	3	1	26.3	1
百慕大群岛	2	1	7.7	0
巴西	4	1	7.7	0
加拿大	3	1	5.7	0
法国	4	1	17.2	1
中国香港地区	12	3	20.1	1
澳大利亚	7	2	18.1	1
其他	23	6	138.2	7
名义总数	379	100	1 925.9	100
实际总数	367			

注：因四舍五入，百分比加总不等于 100%。

资料来源：《对冲基金情报》。

图 5—2 说明了资产流入对冲基金行业的情况以及基金给投资者带来的内部增长。虚线条方格代表投资者从投资表现中获得的增长，空方格代表来自进入行业的新投资者所带来的资金净流入。相比没有显著回升的外

部资金流，内部增长对于行业发展更为重要。2008 年和 2009 年金融危机发生后，资金从行业内流出，但有时也有重大资金重返行业。事实上，绝大部分的资金流入来自机构投资者，而不是高净值个人投资者及散户投资者。这一直是对冲基金行业的一个重要趋势——机构投资者刺激投资增长。

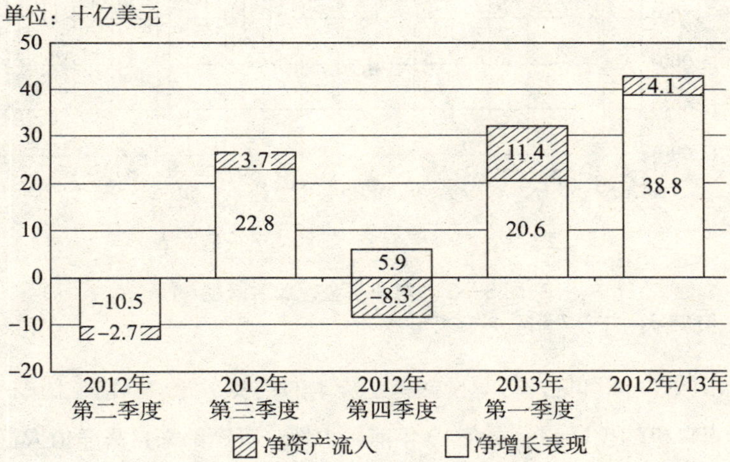

图 5—2　对冲基金行业资产流入情况

资料来源：尤里卡对冲基金①。

图 5—3 显示的是新推出的基金和终止的基金，可以清楚地看到对冲基金行业充满活力。对冲基金行业一直有很多新加入者，事实上，基金被终止是因为其绩效不佳或规模太小，难以给投资者创造利润。

发生金融危机时，基金终止的数目远多于推出的新基金。但经过一轮净收缩后，近年来，投资者已重回净增长的路径，推出的新基金比终止的多。而终止的基金往往是在稳定的情况下结束：基金并非是面临破产，而是因为已将资金返还给投资者，便不再经营，于是理所当然地关闭。

① 尤里卡对冲基金是全球最大的对冲基金研究组织，属行业数据研究机构。

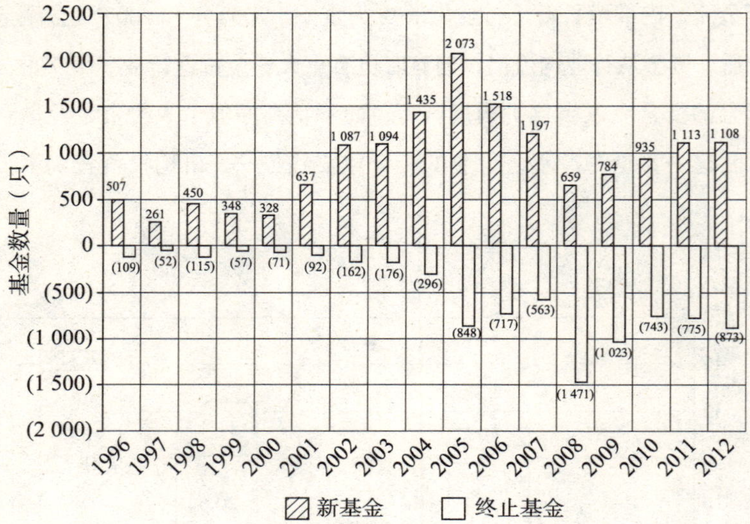

图 5—3　对冲基金行业活跃度

资料来源：对冲基金研究，2012 年第四季度。

由图 5—4 可见，行业投资者是资本的主要来源。当前，约 60% 的资产来自机构投资者，而在 10 年前，大部分资产都来自高净值人群。

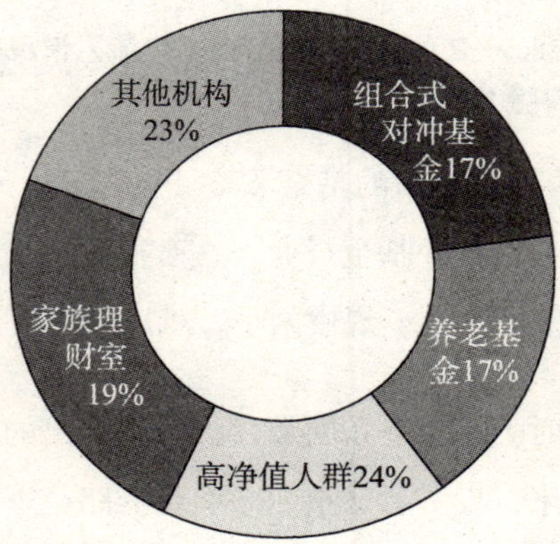

图 5—4　对冲基金行业投资者来源

资料来源：KPMG/AIMA 报告，《行业演变》，2012 年 5 月。

图 5—3 显示了基金收益的波动性，若与之对比，图 5—5 则反映出各资产类别长期的波动数据。为了便于与主要股票、债券和大宗商品指数作对比，图 5—5 中的黑色表示对冲基金的综合绩效。自 1994 年以来，对冲基金指数的波动性比其他类别的投资方式都低。这正是它具有吸引力之处，也是机构投资者继续重视对冲基金行业的原因。我们很难讨论任意一种具体的对冲基金策略，因为根据瞬息万变的市场走势，对冲基金所采取的与相应的策略也会不同。所以，只谈对冲基金的某个单一投资特点是比较危险的，还需加上更多的波动性和收益分析。

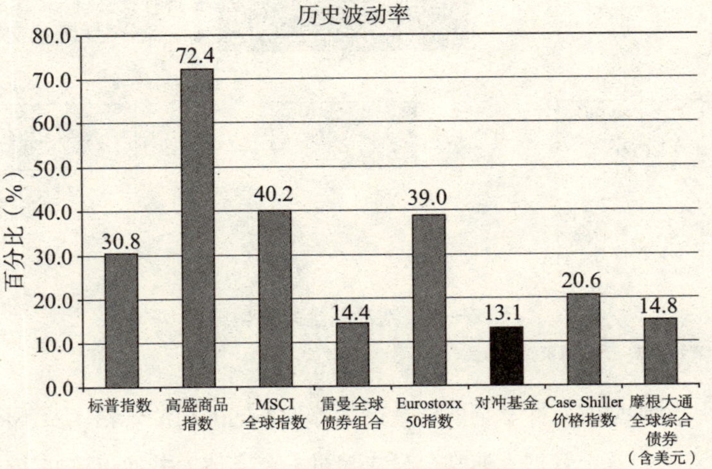

图 5—5　对冲基金波动率

资料来源：KPMG/AIMA 报告《行业演变》，2012 年 5 月。

对冲基金业的监管
（基里 · 克罗尔的演讲）

首先，要了解对冲基金的结构。对冲基金经理通常以成立实体的形式让投资者进入市场。当谈到“对冲基金”时，是指一个募集不同投资者的资金实体，可以是一间公司、合伙企业，或只是一纸合约的安排，然后由基金经理将有关资金进行投资。一般情况下，基金经理（基金管理人）是独立于基金实体的个体或公司，通常接受基金任命来管理基金所持有的资产。图 5—6 即是一个典型的对冲基金结构。

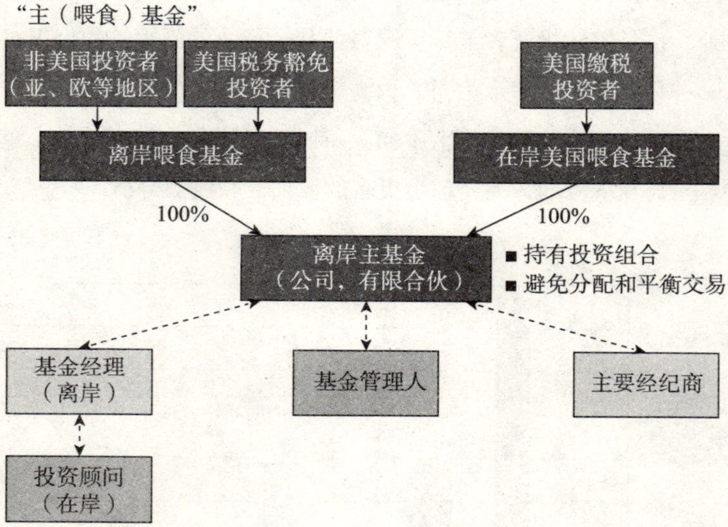

图 5—6　对冲基金的典型结构

资料来源：另类投资管理协会。

一个典型的对冲基金的资金会来源于不同的司法管辖区及不同类型的投资者。基金管理人通常会设立超过一个实体，并通过这些实体将不同来源的投资引入中间的主基金，而主基金通常是持有基金经理所投资的投资项目及证券或大宗商品的实体。左上方为喂食基金，资金来自非美国投资者和美国税务豁免投资者；而右上方则表示需要缴纳美国税项的美国投资者以及他们注入资金的喂食基金。非美国的基金通常属于开曼基金结构，但它们并不一定位于开曼群岛，我们称之为离岸基金，因为它们并不设在其主要投资者集中的美国或英国。

在主基金上面是两个喂食基金，主要作用是将资金引入主基金，与投资决策无关。主基金任命基金经理，代表该基金做出投资决策。左下方的基金经理（离岸）和投资顾问（在岸）共同构成管理实体。有时候，由主基金任命的正式经理并不是做出投资决策的最终实体，它可以再委任另一家位于世界任何地方的投资顾问来帮助配置投资组合。美国、英国和中国香港汇聚了不少此类投资顾问。这样的结构也可以被简化，例如在主基金与投资经理之间不再设置管理公司，只包含单一的基金和投资经理。但多数时候，由于国际投资中有不同的税务要求，加上各地监管条例各异，便需要设立较为复杂的结构。总体而言，对冲基金的结构比一般共同基金要复杂得多。一般共同基金或一般集合投资计划的结构通常依照一国规例。例如在英国，英国资产管理公司大多数投资国内的股票和债券，服务国内的投资者。因此，可以采用较为简单的经营策略。一旦业务变得更加国际化，结构自然会趋向更复杂。

对冲基金行业的另一个值得注意的特点是严重依赖外包，或按照欧盟监管法域的术语来说即“委托”。在图 5—6 中可以看到另外两名参与者：一个是基金管理人，负责基金的行政管理，包括跟进认购及赎回基金股份、基金会计、发布基金净资产值等，现今越来越多的管理人还负责向监管机构进行汇报。另外一个重要的服务提供者是主要经纪商，他们通常是银行或经纪交易商，提供从执行指令到进入市场，以至交易结算、交收的全套服务。更重要的是，它为基金资产提供托管，向对冲基金提供头寸融资，并协助其进行空头交易。

由于对冲基金经理有时会利用杠杆放大多头头寸以获得更高的风险敞口，所以，融资就变得很重要。基金需要从主要经纪商那里获取或借入证券，由此进行空头交易或取得合成衍生工具的空头敞口。毕竟，所谓的“对冲基金”来自对冲的概念，即在某资产价格下跌时保障其投资组合的概念。其中一种对冲方式是进行空头交易：先借入证券，然后在市场上卖出，等待价格下跌时再从市场上买回这些证券，然后返还给证券借出人，利用价差赚取利润。

基金注册地一般在哪里？基金通常又设立在哪里？这些并没有一般规则，大多数法规也没有规定基金必须在特定的司法管辖区注册。因此，这些问题的答案很大程度上取决于市场。有些市场实施较严格的监管制度，例如卢森堡和美国；而另一些市场监管则相对宽松，例如开曼群岛和其他一些离岸司法管辖区。开曼群岛已成为最受欢迎的离岸基金注册地，约有 60%~70% 的离岸基金选择在此注册。主要原因有以下几点：税收中立、管理人和其他咨询服务商的专业水准及经验相对稳定，且基金的法律架构易于成立或者关闭。

税收中立性是一个非常重要的原则。简而言之，税收中立性是指个人投资者利用集体投资工具（如基金），可以实现等同于自己直接投资证券的收益。这正是基金经理寻求在税务中立的司法管辖区成立基金的根本原因，因为他们不希望投资者通过基金投资证券时被征收额外的税费。税务中立的司法管辖区不一定是离岸司法管辖区，在欧洲，也有一些在岸司法管辖区实行税收中立。

在对冲基金经理的监管方面（监管机关把重点放在对基金经理而不是基金的监管上），欧盟与美国这两个最重要的市场固然有一些相似之处，但监管理念和做法却迥然不同。

在欧盟，另类投资基金（AIF）的营销和管理会受到管制。如果想从欧盟市场推销或管理基金，即便是一名在开曼群岛注册基金的中国基金经理，也会受到诸如另类投资基金经理指令等法规的监管。或者，如果想在欧洲成立一家驻于当地的基金管理公司，推销或管理基金也必须遵守另类投基金经理指令的规定。美国的情况则不同，在美国，尽管投资顾问可以只提供非约束性建议，而不一定以全权委托的方式来管理投资组合，投资顾问与投资经理亦被视作同等，没有明确区分。同样，对于大宗商品交易顾问和大宗商品池运营商而言，他们也不一定亲自管理对大宗商品的投资。

以欧盟为例，关键的问题是：是否推销另类投资基金？是否聘用一名欧洲资产管理人，并以受托人或被任命人的身份，提供投资组合管理或风险管理服务？无论是聘用其他经理人建立投资组合，还是亲自管理投资事宜，这些关键问题的答案均取决于是否落入欧洲监管范围。营销也是另一个重要因素。营销大体指向投资者邀约认购基金单位或股份，这其中包含一项重要豁免。如果欧洲投资者主动接触并投资于某基金，而基金经理没有进行明显的营销，这不会被视为营销活动。因此，也不会触发针对基金经理的合规要求。

那么，什么是另类投资基金？如果某实体是一个集合投资计划但不是一只欧盟可转让证券集合投资计划，它从众多投资者那里募集资金，旨在根据既定投资策略为投资者的利益进行投资，则它是一个另类投资基金。不属于另类投资基金的基金或实体将不会触发另类投资基金经理指令的监管要求。以下情况不属于另类投资基金（或由于一些限制，不具备另类投资基金的所有特性）：

- 一只欧盟可转让证券集合投资计划
- 管理账户
- 经理人及其联属公司为唯一的投资实体
- 合资企业

- 保险合同
- 证券化特殊目的公司
- 员工参与计划、员工储蓄或其他豁免计划
- 控股公司
- 营运公司
- 家族公司

一旦被确定为另类投资基金，另类投资基金经理的服务实体必须被确定。另类投资基金经理会被委任执行若干投资管理职能，包括对投资组合进行管理和风险管理。然而，另类投资基金经理可以将投资管理职能外包给另一个实体。因此，具有法人地位的另类投资基金经理必须获得授权来管理投资组合，但并不意味着一定要开展日常工作。

虽然另类投资基金经理指令中一些涉及资本要求的规定不会对投资产生影响，但要求管理人在公司管理、经理人报酬和基本利益冲突等问题上以投资者的最大利益为基准行事。其中，估值是至关重要的。比如，如何评估难以估值的资产，是任命外部人士估值还是由自己估值？

另类投资基金经理指令的另一个重要规定与保管和监控基金投资组合的资产有关。该指令规定，另类投资基金经理不能持有另类投资基金的资产。因此，他们需要任命所谓的“存管机构”，以履行托管职能。在欧洲，存管机构对资产的损失负有严格责任。但就提供监督保管的职能来说，这一点有失偏颇。

最后，关于各种透明度监管的措施有刊发基金年报、向投资者披露基金所从事的投资类型以及向监管呈交汇报报告。投资经理需要向相关监管机构提交包含大量信息的报告，介绍各类投资与相关风险。

美国有两个监管基金经理的基本监管制度。美国证券交易委员会负责监管主要活跃于证券范畴的基金经理，例如现金、股票、债券及其他被定义为证券的工具。美国商品期货交易委员会则负责管理活跃于大宗商品交易范畴的基金经理。但“大宗商品”一词在美国的涵义要比其他地方广泛得多，包括大多数类型的衍生工具。所以在美国，基金经理可能受到美国证券交易委员会、商品期货交易委员会或两者的同时监管。

“投资顾问”一词是证券交易委员会规例的术语。可供美国投资者认购的基金的投资顾问若无相关豁免，必须向美国证券交易委员会登记注册。美国证券交易委员会认为，从事向他人提供证券价值、投资可行性、购买或出售证券作为赔偿等意见的人士属于投资顾问。在美国，监管投资顾问的基本法律是《1940年投资顾问法》(简称《顾问法》)，大多数对冲基金经理都能获得该法例的豁免。然而自2012年以来，许多对冲基金经理因无法满足其豁免要求，已经向美国证券交易委员会登记注册。

目前，《顾问法》中还有两项主要豁免适用于对冲基金经理，分别是“外国私人顾问”和“私募基金顾问”的豁免。若要了解这些豁免如何适用，首先需要了解被认定为“私募基金”的情况。根据美国《1940年投资公司法》的规定，一个私募基金如适用于该法第3(c)(1)条或第3(c)(7)条，可被看作是一个“投资公司”。若符合规章所指的私募基金的资格，就不可以进行基金证券的公开发售。此外，根据第3(c)(1)条的规定，基金发售必须限制在100名美国本土投资者[①](按《1933年美国证券法》S规例所界定)以内，且除少数例外情况，这些投资者必须是“合格投资者”。如果依据第3(c)(7)条，所有的美国投资者必须是“合格购买者”。

① 如果基金在美国注册，这一限制适用于所有投资者，而不仅仅是美国投资者。

要成为“外国私人顾问”，投资顾问不得在美国任何地方设立营业地点；其“私募基金”的美国客户及美国投资者必须少于 15 名，而管理的来自这些美国客户或投资者的资产须低于 2 500 万美元；不得在美国以投资顾问的身份向公众提供意见，或为在美国证券交易委员会注册的投资公司提供意见。如果投资顾问符合这些条件，则毋须向美国证券交易委员会备案或申报，但投资顾问仍须遵守《顾问法》的某些反欺诈条款。

要获得符合“私募基金顾问”豁免的资格，非美国投资顾问必须在美国某营业地点管理低于 1.5 亿美元的资产，不可以有任何不属于私募基金的美国客户。只要满足这些条件，非美国投资顾问就可以在美国境外管理不受限制的资产数量，并可以吸纳无限数量的美国投资者投资于私募基金。如果非美国投资顾问符合这些条件，必须通过注册投资顾问表（ADV）报备为一名“获豁免申报的顾问”，从而要求有关豁免。提供注册投资顾问表备案后，非美国投资顾问将获免除美国证券交易委员会对投资顾问的所有或数项要求。

在欧洲和美国，申报通常要填写存续期专项法律意见信息披露表（PF），经理人须在表格上向美国相关监管机构提交很多重要信息。当然，也有一些反欺诈及相关要求是许多经理人（不仅仅是对冲基金经理）需要遵守的。这些是受美国规例监管的投资经理一般都要符合的基本要求。

最后，主要是由美国商品期货交易委员会规管的大宗商品池运营商（CPO）及大宗商品交易顾问（CTA）的问题。再从基金开始检视：基金投资到哪里以及投资者是谁？如果基金投资于人们所说的“大宗商品”，其金额高于最低门槛，而基金有一名或多名美国投资者，那么经理人可能会被要求注册为商品池运营商或商品交易顾问。以下是界定商品池的基本要求：

- 投资于商品利益的集体投资公司：
  - ◎ 利用期货的混合用途基金（即使是偶然对冲）属商品池；
  - ◎ 所投资的基金是商品池中的组合型基金，亦属商品池；
  - ◎ 如属非美国商品池，即使只有一名美国投资者，此商品池亦属美国商品期货交易委员会规例管限范围。
- 每个商品池至少有一个商品池运营商和商品交易顾问，虽然这些往往是相同的实体（顾问）。
- 商品权益涵盖所有符合《多德-弗兰克法案》中“掉期”定义的场外交易衍生工具以及所有证券期货产品，包括：
  - ◎ 卖出买入期权、上限下限、颈圈或类似的利率期权、货币等；
  - ◎ 场外利率掉期、总收益掉期、货币掉期、信贷违约掉期等；
  - ◎ 涉及现在或未来成为掉期交易的任何协议合同或交易。

因此，关注与大宗商品相关的期货投资、其他衍生工具及各类金融指标也很重要。例如，标普 500 指数有资格作为商品权益，投资于这类资产池的经理人如没有获得任何豁免，便要向美国商品期货交易委员会注册。但如何确保将适当的条例应用于适当的活动并不容易，这一过程将会产生很多问题，同时也带来很多压力。此外，美国相关机构在监管大宗商品和证券的方式上也大相径庭。这在过去确实相当重要，而时至今日，在所管理的标的资产类别中划分界限，则很可能难以描绘资产管理的全貌。

每一商品池必须有一名商品池运营商。商品池运营商是寻求投资者投资的商品池的基本保荐人及发起人，一般具有聘用并终止该商品池的商品交易顾问及经理人的能力。商品池还必须有一名商品交易顾问，商品交易顾问是商品池的顾问，就商品权益的交易或交易可行性提供意见。有时，商品池运营商和商品交易顾问是同一实体。据了解，目前监管范围已扩大至包含所有的场外交易衍生工具。商品池运营商和商品交易顾问的注册曾经是交易所期货市场的主要活动，但现在，《多德－弗兰克法案》已将所有场外市场的交易纳入该法案的规管范围内。按规定，注册的商品池运营商和商品交易顾问须遵守一连串合规及备存记录规定，包括重要员工的考核要求、职业操守培训要求、销售惯例要求，还有向投资者和监管部门披露信息的要求、反诈骗禁令和反洗钱规程。

一般来说，运营一个集体投资企业时，还有一些需要考虑的其他要求。例如，当持有一家上市公司 5% 的股票时，须以 13D 和 13G 表格向监管机构披露基金的持股量。这一规定适用于任何人，而不仅仅是基金经理，但基金经理必须知道这是市场的一般要求。

总而言之，对冲基金行业正在成长，是全球资产管理行业中一个非常重要的环节。它已经较成功地度过了危机，但并不意味着没有基金失败，而是说对冲基金行业整体上能够度过非常艰难的时期，并逐步显现出一种成功模式，吸引投资者在危机之后进行投资。整个对冲基金行业是受到规管的，在某些司法管辖区更是面临着严格的监管。有些规管条例比较成功，但也有一些被认为是基于政治目的，不一定都对行业或投资者有利。最后，监管复杂性及监管要求已导致投资者在对冲基金行业中的地位发生改变，使行业更多地依赖机构资金的流入，而不是高净值个人；而且，内部操作也日趋复杂。因此，对冲基金行业面对来自投资者和监管机构的双重压力，需要完善其内部系统和运营结构，以确保符合操作标准。

MANAGING ASSETS IN A NEW AGE

06

机遇与挑战并存
私募股权投资中西方比较

罗杰·利兹

美国约翰·霍普金斯大学
尼采高级国际研究院教授

本文简明介绍了私募股权投资的定义、特征及运营模式，并用一种独特的全球视角剖析了中西方私募股权投资行业的发展历程。尽管年轻的中国私募股权投资行业还存在着公司治理不完善、信息不对称、监管薄弱等问题，但机遇与挑战并存，持续增长的中国经济和日益成熟的民营企业，正预示着中国私募股权投资行业具有广阔的前景。

罗杰·利兹

美国约翰·霍普金斯大学尼采高级国际研究院教授

罗杰·利兹（Roger Leeds） 现任美国约翰·霍普金斯大学尼采高级国际研究院教授，美国沃顿商学院和哥伦比亚大学客座教授。他曾在所罗门兄弟银行、国际货币基金组织等机构工作，还是毕马威会计事务所（KPMG）的全球投资合伙人。作为美国新兴市场私募股权协会的创始人与主席，利兹教授长期关注中国私募股权行业的发展，对中国及全球各地的私募股权投资都有深入研究。

约翰·霍普金斯大学尼采高级国际研究院（the Paul H. Nitze School of Advanced International Studies，简称 SAIS） 成立于 1943 年，总部设在美国首都华盛顿特区，在意大利博洛尼亚和中国南京（中美文化研究中心）设有分校，是世界公认的顶级国际关系研究生院之一，专门从事国际事务、政治、经济、金融、外交和教育等领域的研究，是美国政府及全美各大国际机构，包括世界银行集团、国际货币基金组织等最大的人才输送基地，每年均有独家招聘专场。SAIS 连年被《外交政策》杂志评为全美排名第一或第二的国际关系研究生院，与哈佛大学肯尼迪政府学院齐名。60 多年来，学校培养的学生总数已达 15 000 名，其中大使超过 130 名，服务于全世界 140 个国家和地区，享誉全球。

私募股权投资的定义与特征

私募股权投资涵盖了许多不同的投资形式，例如，风险投资和并购重组投资；而风险投资又涵盖了从种子基金到夹层融资等不同类型（见图 6—1）。

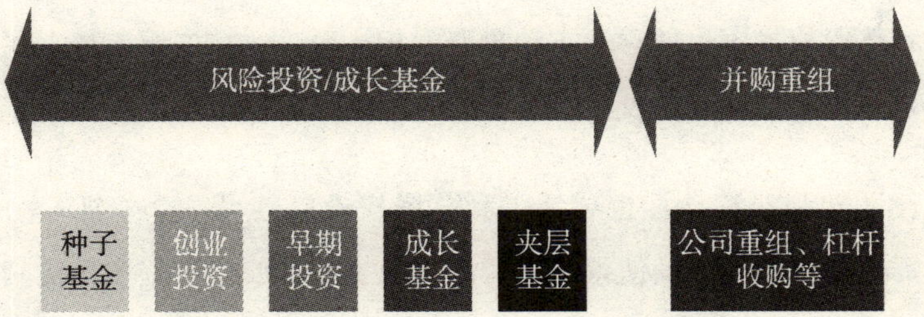

图 6—1　私募股权投资类型结构

这些私募股权投资虽有不同的内涵，但却有相同的特征，正是这些特征将私募股权投资与其他融资方式区别开来。其中最重要的一点特征是，私募股权投资是一种具有非流动性的中长期投资。银行的短期流动资金贷款一般只有 3~6 个月，股票市场的投资更是可以随时卖出，但私募股权投资是一种长期投资。因此可以说，私募股权投资实际上是一种耐心投资。

在中国，多数私募股权投资都是以有限合伙的形式进行的，这些基金往往有规定的运营期限，通常为 8~10 年。基金中的普通合伙人（General

Partner，简称 GP）具有非常深入的专业投资经验，负责具体投资；有限合伙人（Limited Partner，简称 LP）作为被动投资人，负责提供资金。例如，中国最大的有限合伙人就是社保基金，此外，保险公司和存款类金融机构也都可能成为有限合伙人。

私募股权投资的长期性与非流动性，使得管理基金的普通合伙人有强大的动力去提升被投资企业的价值。这也是私募股权投资区别于其他投资方式的重要特征。

基金经理需要和公司管理层合作，以使被投资企业做大、做强，并实现长远发展。唯有如此，才能顺利实现私募股权投资资金的退出。因此，私募股权投资也被称为主动投资。相比而言，在二级市场上买入股票就是一种典型的被动投资，因为投资者对上市公司没有任何影响力。

长期性和非流动性也导致了私募股权投资的另一个特征——风险性。资金的长期非流动使得投资者希望通过私募股权投资实现比其他投资渠道更高的回报，而高回报的背后正是高风险。有统计数据显示，私募股权投资的回报率有很强的波动性。

图 6—2 清晰地表明了私募股权投资的架构。从最左侧开始，有限合伙人把资金交给普通合伙人管理后，普通合伙人选择合适的标的并将资金投入目标公司。如果获得回报，资金会通过不同的退出方式流回私募股权投资，在有限合伙人和普通合伙人之间按一定比例分配。这是一个长期的流程，即使是那些幸运的投资者也需要 4~6 年才能获得回报。

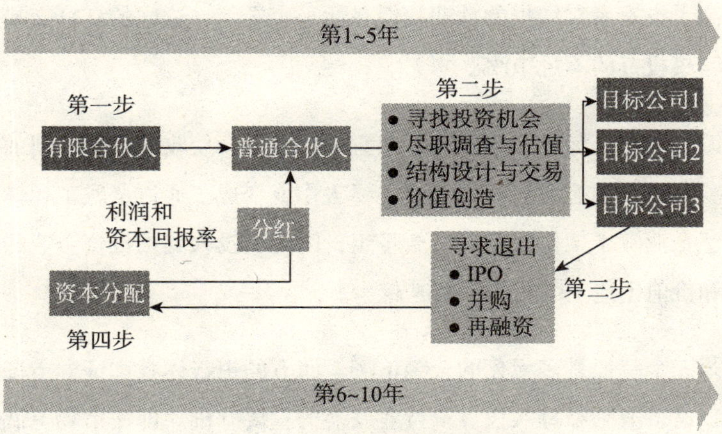

图 6—2　私募股权投资结构图

中西方私募股权投资行业的对比

私募股权投资正在成为一个全球化的产业。最早的私募股权投资诞生于 20 世纪 50 年代初的美国，经过 60 多年的逐步发展，私募股权投资已经在欧美地区成为一个相当庞大的产业，中国等新兴市场的私募股权投资产业也正在逐步崛起。

报纸上也经常会有一些有关西方国家的私募股权投资的报道，这些报道往往都涉及规模数十亿美元以上的大型杠杆收购事件。私募股权投资在欧美是一个庞大的产业，不仅是投资规模，普通合伙人和有限合伙人的规模也都很大。在这一点上，西方国家与新兴市场已经拉开了一定的距离。西方私募股权投资的第一个特征是规模庞大。在欧美地区，典型的私募股权投资是杠杆交易，即依靠借债完成交易，其规模常以数十亿美元来计量。投资者的目标通常是买下整个公司，以实现对公司的控制。举例来说，如果投资者投入 100 亿美元收购一个公司，其中可能有 70 亿 ~80 亿美元是从其他渠道借来的。因此，大量的债务增加了风险，也抬高了投资者对回报的预期。但在新兴市场上，这样的杠杆交易只占私募股权投资的不足10%。

第二个特征是日趋激烈的业内竞争。竞争会使收购一家公司的成本增加。同时，私募股权投资者的主要工作就变成了通过金融工程学的运用重塑企业资本架构以完成债务重组，因此，投入到被投资企业的经营改善和价值创造上的精力则越来越少。

第三个特征是多元化的金融市场。西方的银行体系和证券市场都很发达，这就成为私募股权投资行业发展的重要基础。即使市场上偶尔会出现波动，但投资者仍对金融体系运转的效率抱有坚定的信心。但客观来说，中国金融市场的效率则不高，不能通过自身的配置能力使资本运行效率达到最优。我们必须承认，中国在过去30年取得的进步令人瞩目，但金融部门却并没有像其他部门一样发展得那么迅速。这既是中国的问题，也是中国私募股权投资者的机遇。

那么，中西方的私募股权投资行业为什么会出现如此大的差异呢？第一个原因是，两地的投资环境存在根本性差异。以监管环境为例，西方的监管具有一致性和可预测性，但中国的监管则经常发生变化。因此在西方，投资者对监管和法律都更加放心，也愿意在发生争议时将问题交由法庭和司法系统来处理。虽然最终结果并不一定令人满意，但司法体系的运行效率和公正性仍旧能得到普遍的认可。此外，西方的企业往往具有较为完善的法人治理结构、标准的会计体系和较高的财务透明度。虽然近年来的一系列丑闻也让我们认识到，欧美一些公司的财务透明度并非那么高，并存在财务欺诈的现象，但这毕竟不是企业经营的常态。而且，即便出现以上情况，问题也都会被及时发现，并马上交由相关法律部门妥善处理。

第二个原因是，西方国家有充足的专业人员及人力资本。在几代人的长期努力下，西方的私募股权投资行业已经积累了大量的经验资本，这是历经半个多世纪的发展才形成的历史积淀。而在中国，私募股权投资几乎还是一个崭新的行业，仍处于学习曲线的上升阶段。尽管每次来中国，我都震惊于中国发展的速度之快，但这个行业仍然还有很长的路要走。

第三个原因是，中国的私募股权投资行业比西方有更多的投资机会。在中国，私募股权几乎可以投资于任何行业——房地产、制造业、通信、零售、运输，等等。正因为中国私募股权投资的交易规模比较小，投资者没有能力使用太多杠杆来进行收购。所以，中国的私募股权投资者更为关注价值创造的过程。

私募股权投资在中国

除了上文中提到的三个区别，中西方私募股权投资的目标市场也有所不同。在中国，中小企业才是私募股权投资者的最大投资目标。

以公司规模划分，可以得到图 6—3 所示的“企业规模金字塔”。在任何国家，都有少数位于顶端的大公司，它们可以轻易获得融资，并且拥有大批优秀的管理人才。在中国，大型企业往往是国有企业。以联想公司为例，它们可以在全球范围内发行股票或债券，从而获取所需资金。因此，它们不需要私募股权投资的帮助。当然，还有众多位于金字塔底端的小公司，它们往往由个人或家庭运营，结构十分简单，且未来增长难以预测，并不符合私募股权投资者的审核标准。因此，我们真正关心的是位于中段的中型企业。在中国市场上，正是数量巨大的中型企业推动着私募股权投资行业的发展。这些中型企业有公开上市的潜力，或者有行业整合并购的需求，或者计划进行私有化，这都需要私募股权投资的帮助。

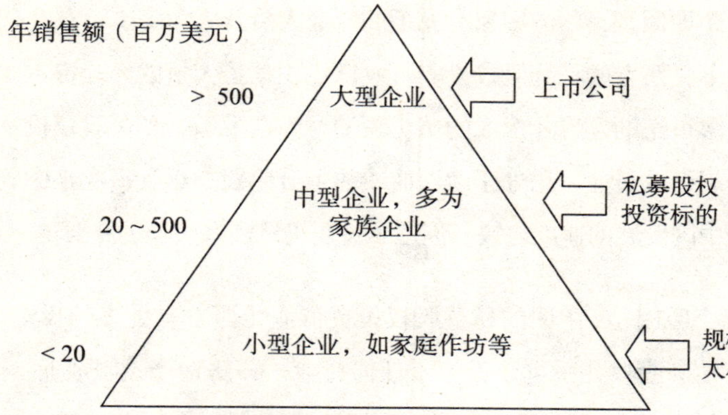

图 6—3 企业规模金字塔结构

正如之前提到的，在中国，可投资的行业远远多于美国。美国的风险投资（VC）往往指的就是对高科技领域的投资，因为只有这些公司才能保持高速增长。而在中国，所有行业都存在有发展潜力的公司，只要这些公司有运行低效的问题，私募股权投资者就有机会；只要他们能找到低效背后的原因，就能找出相应的解决办法。因为作为主动投资者，他们能够参与到企业的改进中，并分享改进后的收益。

图 6—4 充分说明了为什么中国的中小企业需要私募股权投资者的帮助。在中国的市场经济结构中，中小企业是真正的驱动引擎，他们提供了 80% 的就业，贡献了 65% 的 GDP 和 50% 的税收，但他们获得的融资却少得可怜——只有 19% 的银行贷款投向了中小企业，这一比例还在不断萎缩。而即使中小企业得到了银行贷款，贷款期限一般也只有 3~6 个月，很少超过 1 年。私募股权投资的契机正在于此，私募股权投资者可以通过弥补中小企业的融资缺口而找到自己的发展机遇。事实上，我们都知道中国并不是一个资金短缺的国家，它有首屈一指的储蓄率，但资金的配置方式却限制着这些资金流向私有部门。现在，中国的金融行业仍然

由少数国有银行主导，它们主要向国有企业贷款，而将民营企业挤出市场。正是这种融资缺位导致了中西方私募股权投资的巨大差异。这也是为什么中国私募股权投资的前景比西方更为广阔的原因之一。

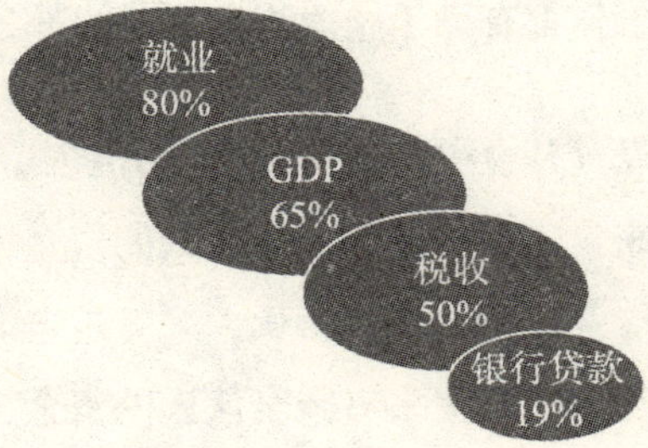

图6—4　中小企业在中国经济中的地位

当然，私募股权投资者能够提供的不只是资金，他们还有创造价值的专业经验，能够帮助企业改善业绩。很多人认为私募股权投资者只要把钱给了企业就是完成了工作，但事实上，他们真正的工作才刚刚开始。当他们把资金投给那些低效运行的企业后，就希望能真正解决引发低效的问题，并帮助企业实现增值，进而从中分一杯羹。为什么私募股权投资者有能力做到这一点？因为经过多年的投资实践，他们已经见过大量运行低效的企业，理解了导致他们低效的问题，并建构了一套解决这些问题的系统方案。他们所积累的丰富的专业知识，同样是中国中小企业所稀缺的资源。中国的经济还处于早期发展阶段，企业在管理能力上的缺口仍旧十分明显，如果仅依靠自己的力量去提升则需要漫长的时间。因此，他们同样迫切需要私募股权投资者来提供这类稀缺资源。

我一直相信私募股权投资在中国大有可为，前景比在西方更为光明，就是因为私募股权投资可以为企业提供这两种稀缺资源。明确了以上两点，让我们来看一下私募股权投资者到底是如何为企业创造价值的。

私募股权投资者希望能通过与企业管理者的合作来共同实现企业增长，例如，进行资产收购、市场扩张、招聘更好的财务总监、让企业财务透明化等。这些工作都有助于企业为上市做好准备。

对于私募股权投资基金中的不同环节，价值创造的含义也不尽相同。有限合伙人的价值来自于投资给普通合伙人的资金回报，因此，有限合伙人希望选择最有专业经验的普通合伙人来管理企业。而对于普通合伙人来说，他们需要努力吸引更多有限合伙人的资金，才有资本投资于自己青睐的企业。而吸引资金的关键，正是其所积累的专业经验。专业经验的重要性正日渐成为这个行业内的普遍共识。这和大家更为熟悉的股票市场和银行贷款完全不同。在股票市场上，投资银行家的工作是为企业提供发行、上市、发债的建议，告诉他们如何融资。融资结束后，投资银行会得到企业支付的一笔巨额服务费，然后和企业挥手道别，不再介入企业的后续经营。这一点与私募股权投资者刚好相反，因为融资的结束恰恰是后者工作的开始。在商业银行，银行家把钱借给一个企业后，只要等着企业还本付息即可。他们唯一关心的就是企业是否有能力维持长期稳定的经营，以支持他们按时、全额的还本付息。和投资银行家一样，他们也不介入企业的经营。

正因为私募股权投资者赚钱与否主要取决于其投资后的工作做得如何，他们需要和企业合作更长的时间以完成这项极富挑战性的工作。因此，私募股权投资后的工作是不能兼职完成的。私募股权投资基金刚进入中国时，往往会在北京、上海或广州建立一个小型办事处，同时在香港或者纽约有一个团队。这些团队会来到中国花上几天时间对其投资的公司进行考察，然后各自回家远程工作，几周之后再返回中国继续考察。

但到了今天，这样的工作方式已经无法应对私募股权投资工作的高强度。现在，私募股权投资者往往需要投入 7×24 小时的时间来完成对所投资公司的积极管理，远程工作的模式已经成为历史。

中国私募股权投资业面临的重大挑战

中国私募股权投资面临的最大挑战和其他投资行业基本相同：信息不对称。金融行业中的“信息不对称”指的是，融资企业本身控制信息的流动，而资金提供方却需要这些信息进行决策，他们严重依赖信息的质量、及时性和管理层提供信息的意愿。信息不对称的问题是全球性的，但在中国尤其严重。具体来说，信息不对称又包括了公司治理不善、会计准则模糊、偷税漏税、拖欠或负债、财务管理不透明等问题。这些问题在中国并没有得到有效解决。但正如之前已经提到的，糟糕的现状正是私募股权投资者的机会。虽然私募股权投资的加入并不是解决这类问题的灵丹妙药，但相比于其他投资者，他们 7×24 小时的主动管理能更有效地改善现状。

所有信息不对称问题的根本源头其实就是公司治理中存在的问题。这里的公司治理，主要指公司的高层管理人员必须及时、准确、透明地提供财务和经营信息。但除此之外，公司治理还应当包括有效的问责制度，即高层管理人员需要为一段时间内公司的经营结果负责。然而，良好的公司治理在非上市公司中是很难实现的。对于上市公司而言，无论在沪市还是深市上市，交易所都对上市公司的公司治理有严格的要求，如果不满足标准就不能获批上市。但并没有相关法规对非上市公司提出此类要求。因此，如果一个公司的公司治理水平很高、信息流动畅通，投资者往往愿意为之付出更高的溢价。而在中国，不仅仅是私募股权投资者，整个私有经济部门都只是刚刚开始关注这个问题。

当然，公司治理不善等问题并不会让私募股权投资者却步。恰恰相反，公司治理的低效正是他们的机遇。通过和公司管理层的合作，使之愿意接受更高的会计标准，接受全球公认的公司治理准则，从而妥善解决这类问题。但要做到这一点，投资者必须首先获得公司管理层的信任。中国的企业家大多白手起家，辛辛苦苦建立了自己的公司，之前从来没有人要求他们采用透明的方式披露自己的信息，或采用某种更高标准的会计准则。所以，面对投资者的这类要求，他们往往充满疑虑。因此，投资者的工作重心之一就是，说服管理层，使他们相信公司治理的提升是有利于企业的长远发展的。

虽然私募股权投资者永远不寄希望于找到十全十美的目标公司，但他们希望看到公司至少具备一部分以上所提到的特征，即拥有优秀的公司治理能力、接受高标准的会计准则、透明的财务系统，等等。只要企业符合其中一部分，就更容易得到私募股权投资者的青睐。

最后这部分是关于私募股权的退出策略。每个投资者进行投资后，都希望能在完成一系列提升企业价值的改造行动之后，用三五年的时间实现退出。经验丰富的投资者甚至在投资前就会思考这个问题。在进入一家公司时，他们不仅设计了完整的价值增值战略，也同时与公司管理层就完成战略后的退出方式达成了一致意见。

当然，不是所有的私募股权投资者都可以成功实现退出。我曾经和全球许多私募股权基金经理讨论过这个问题，他们开玩笑说，自己的失败经历数不胜数，都能编成一本《糟糕投资百科全书》了。这些失败背后的逻辑其实高度一致——正如所有成功的投资者都会提到的，私募股权投资不仅仅关乎财务信息，最重要的其实是“人”。虽然对人的判断的确十分主观，但如果在公司管理团队的选择上出现失误，投资者就必须做好失败的准备。如果管理团队不值得信任、不具备足够的能力、不愿意实行变革，那么，对这个企业的投资从一开始就会成为一个错误。

对退出的预期并不简单，对一个公司的财务预测会成为判断公司价值的主要依据。但实践表明，在 99% 的情况下，无论是经验丰富的投资者还是初入行业者，都会犯同样的乐观主义错误。他们总会倾向于高估企业的价值，从而对标的公司的投资给出错误的判断。关于新兴市场私募股权投资行业的发展情况，数据能够说明很多问题（见图 6—5）。

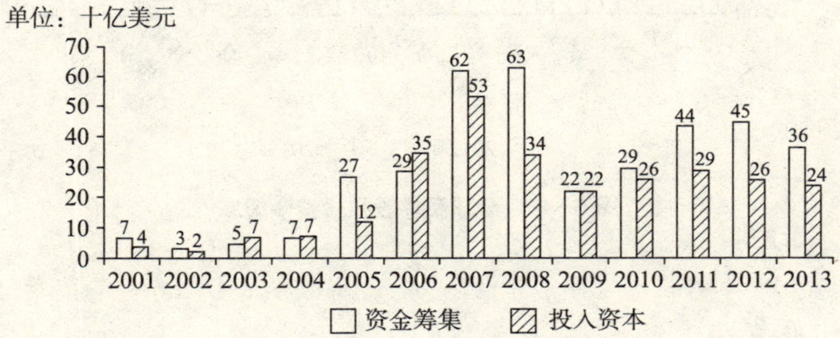

图 6—5 新兴市场国家的私募股权投资发展近况

在中国这样的新兴市场上，私募股权行业发展得比较晚。2001 年，发展中国家私募股权投资的规模几乎还可以忽略不计。但在 2008 年金融危机之前的几年里，私募股权投资行业已实现了飞速发展。尽管行业在危机中遭遇了严重打击，至今也没有完全恢复，但与 10 年前相比，行业现在的规模已经相当庞大。

私募股权投资渗透率指标，反映的是各国私募股权投资在 GDP 中所占的比重（见图 6—6）。不难发现，私募股权投资作为一种金融工具正扮演着越来越重要的角色。但中国的私募股权投资渗透率尚不足 1%，不仅与英美等发达国家相去甚远，甚至落后于印度等其他新兴市场国家。虽然中国私募股权投资在过去也有长足的发展，但和其经济总量相比只是一个很微小的比例。不过，以发展的眼光来看，这也说明中国的私募股权投资行业有更大的发展空间。

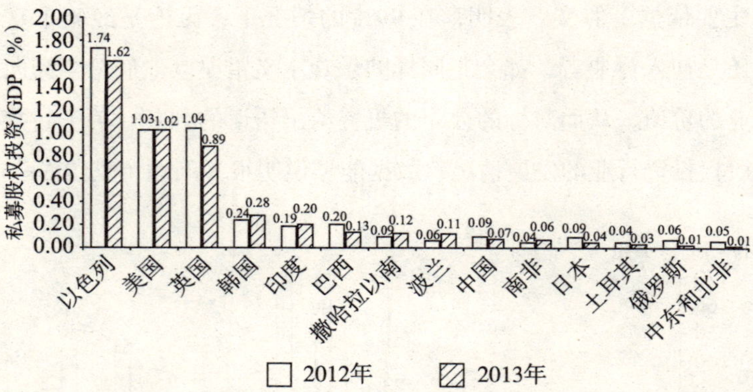

图 6—6　全球私募股权投资渗透率

Q&A

问：您刚刚提到，中国缺乏效率的金融市场为私募股权投资创造了巨大的发展空间，但若从另一方面来看，您能谈一下金融市场低效运行对私募股权投资退出策略的影响吗？

答：到 2012 年年中为止，中国的私募股权投资退出主要是通过上市。中国的股票市场在相当长的一段时间内都有不错的表现；深圳的中小板和创业板对私募股权投资的上市退出也产生了重要的推动作用；中国的企业还可以选择在其他国家上市。当然，在其他新兴市场和西方国家，当股市表现良好时，私募股权投资也会选择上市退出。但在 2012 年年中之后，中国的 IPO 关闸给这个行业带来了很大的干扰，产生了巨大动荡。到 2014 年 1 月初为止，这个排队过程仍然在进行，导致股市中的估值明显偏高。虽然我并不清楚这背后的原因，但可以说在过去一年半中，私募股权投资退出通道其实是很不畅通的。

不过我认为，上市退出渠道受限对于中国的私募股权行业并不完全是坏事。中国在 2007—2008 年开放人民币私募股权投资。在此之前，和其他新兴市场一样，中国的私募基金都是美元基金，由于汇兑风险的存在，美元投资的效果其实并不理想。因此，允许人民币本币投资是政府的明智之举。但与此同时，政策的开放也使得募资额大幅增长，诞生了很多新的有限合伙人和普通合伙人。很多并不了解市场的投资者蜂拥进入，导致 2009—2010 年市场上公司的估值大幅上扬，泡沫也随之产生，也许这也是政府暂停首次公开募股的众多考虑之一。

退出途径的封锁使私募股权投资基金开始前所未有的亏损。之所以称其为“前所未有”，是因为在 2012 年以前，中国的私募股权投资行业几乎人人赚钱、皆大欢喜，甚至没有人认识到这个行业其实是存在风险的。到了 2012 年以后，大家开始真正意识到这个行业的周期性和风险性。所以我认为，无论政府暂停首次公开募股的原因是什么，这件事情都有助于这个行业的成熟。它可以帮我们清除那些匆忙入市、准备不充分的基金经理。私募股权投资是一个技术密集型的行业，人们需要花很多时间去积累从业必备的技能和经验。那些在 2007 年市场繁荣时如雨后春笋般冒出来的投资者中，必然会有很大一批会被淘汰出局。这就是市场经济——有能力的人脱颖而出，而其他人则失败离场，淘汰机制对行业的发展运行至关重要。

虽然我并没有相关数据，但我相信，在未来 2~3 年内，中国的私募股权投资行业将呈现少而精的格局。这也许不是政府政策的目的，但我希望这是政策的结果。

问：您认为中国的美元基金如红杉资本等，有什么成功或失败的案例值得分享？您也提到，项目投资完成后私募股权投资者的工作才刚刚开始。但是，私募股权投资者所谓的专业指导可能也会毁掉这个公司，因为中国的投资周期比较短，他们会不会要求企业做一些更短视的扩大市场的行为，这可能会导致企业透支而死，您有没有这样的担心？

答：我个人并不倾向于把本土投资者和外来投资者严格区分开来。本土基金和外来基金有两种划分方式，可以通过币种不同划分，也可以通过公司注册地不同划分。很多国外的私募股权投资公司在中国都已经有很长的运作历史，也设立了人民币基金。因此，现在的外国基金和本地基金应当是平行运作的。假以时日，无论是外国公司还是中国公司，人民币基金规模都将会超过美元基金。当然，外资基金在中国仍有其用武之地，但它们需要和逐渐崛起的中国本土基金相竞争，中国本土的基金对本地情况更为了解，所以具有自己的独特优势。

在2012年之前，中国私募股权投资的投资周期的确很短。因为股市的繁荣让基金经理不需要做什么就能享受到投资的增值。但这样的日子一去不复返了，现在的私募股权投资必须扎扎实实地工作、创造价值才能实现盈利。在这一点上，外资基金和本土基金没有任何区别，所有人都需要习惯于更长线的投资。

此外，既然提到了外资私募与本土私募，我还有一点题外话想和大家分享。私募行业在中国是一个很新的事物，发展不过10年时间。因此，至少在行业发展的起步阶段，外资基金给中国的同行做出了很好的表率。那些早期进入中国的外国私募已经有20～40年的发展经验，而中国私募还处于学习曲线的上升阶段。无论是有限合伙人还是普通合伙人，中国私募的投资人都需要花更多的时间向西方学习。虽然这条学习曲线正在变得平缓，也就是说中国的私募股权投资市场正在逐渐成熟，但我并不认为本土基金将会挤出外资基金。正如图6—6显示的，中国的私募股权渗透率还很低，整个行业还大有可为。所以，外资基金仍将长期存在。不过我认为，他们会更多的进行本币募资和投资。

以上讲到的其实是中外有限合伙人的区别和联系，除此之外，二者的普通合伙人也正在趋同。当你走进黑石、科尔伯格-克拉维斯集团（KKR）等大牌基金的中国办公室时，会发现95%的专业投资人都是中国人。虽然公司品牌是外国的，但其中的从业人员大多数都是中国人，这在10年前是不可想象的。西方的私募基金都了解，要想在中国这样复杂的市场环境里成功，必须要获得中国的本地人才。虽然这样的人才队伍要完善起来还需要很长时间，但随着时间的推移，中国人才库的扩大将会逐渐超过世界上任何一个国家。

问：您提到过，信息质量是对中国私募股权投资者的最大挑战。那么，应该如何改进管理层和私募股权投资者的合作？

答：这也许是整个全球私募行业都面临的最难回答的问题。这个问题可以分为两个层面：首先，为什么一个公司的管理层愿意接受一个外来者成为公司的所有者；其次，如何在二者间建立信任关系。

就第一个问题而言，私募股权事实上是一种所有权，投资者相当于拥有了公司的一部分。中国的企业创始人辛苦工作了10年甚至30年才建立起一个相当成功的企业，自然而然就会把企业当作自己生命的一部分。但一个企业在发展到一定阶段后就很难再进一步成长，这其中有两个原因：第一，因为它无法获得进一步壮大所需的资金，即长期发展的资金。第二，单个企业家往往擅长把公司发展到“不错”的水平，但并没有足够的经验把它打造成世界性的公司，因为在不同的发展阶段，企业所需要的管理技能也不相同。这两个问题都可以通过引入私募股权投资来解决。然而，中国的企业管理者很难意识到第二个问题，他们只知道自己需要钱来购买设备、建立厂房；而不知道除此之外，要把公司带领到一个新的阶段，他们其实还欠缺很多技能。因此，当私募股权投资者拜访企业创始人时，他们往往会被拒之门外。因为他们带来的不仅仅是支票和资金，还有一大堆的要求。他们要求拥有一部分企业的股权，并且要求企业在未来几年内做出一系列调整。即便在这次拜访中，企业创始人并没有拒绝投资者，这也仅仅是二者长期合作的开始，他们还需要通过更多次的会谈来形成相互信任的关系。这是一个艰难而漫长的过程，也是私募股权投资中最困难的部分。

另一个让企业管理层痛苦的事情就是，他们必须要面临变革，而变革中并没有他们所熟悉的家族成员的参与。他们要建立董事会、接受新的会计准则、任命家庭成员之外的独立董事，这些人会要求他们提供很多的监管信息。对于成功的私募股权投资者而言，如何有效地把信息传达给创业者，让他们意识到合作对双赢的意义，才是最大的挑战。因此我们常说，私募股权投资不仅关乎财务，更关乎人性。

问：中国市场的系统性风险是很高的，根据您的研究，私募股权投资者应当采取什么措施来应对这一风险？

答：不光是在中国，在全球任何地方，私募股权投资都是有风险的。虽然我们说新兴市场的风险更高一些，但具体的风险管理措施是因公司而异的。就我个人来看，最大的风险来自公司治理。解决这方面的问题并不困难，最重要的是态度上的转变——企业经营者自身需要变革。中国的社会环境决定这里的商业文化中没有“透明”的传统，因为委婉和含蓄一直是中国传统文化中的一部分。要打破这一文化局限，必须要首先说服中国的企业创始人，让他们相信，提供更多信息可以让企业运行的更好。因为“透明”是企业融资时的有利优势，它可以帮助企业获得投资者的信任——无论是私募投资还是银行贷款。多数中国民营企业的资金通道都不通畅，银行体系效率低下固然是一个重要的原因，但中国企业自身的透明度太低也是不可忽视的原因。企业自身提供给银行与其他投资者的激励实在是太少了。如果私募股权投资者能说服企业经营者在这方面做出改变，将对企业的发展产生重大意义。这类问题的存在对私募股权投资者来说既是风险，也是机遇。

当然，除了公司治理，投资的风险还包括财务管理、市场规模、企业人才，等等。这些风险并非无法克服，只要积极吸纳拥有对应技能的人才队伍，并在管理者和投资者之间建立起信任关系，问题就可能迎刃而解。

问：**您刚刚提到，投资者可以基于公司治理的无效性创造价值。如果是中国典型的中小企业，您认为在哪些方面的管理与西方企业的差距最大，是企业愿景、人员管理、市场营销，还是资金调度等？同时，美国企业的人员管理方式与中国差距较大，他们的经验是否能直接适用于中国？**

答：第一个问题，其实是私募股权投资者在帮助企业调整战略时最关注哪一个弱项。中国的很多创业者都充满了激情，他们迫切的希望把自己的想法商业化，他们会投入大量的时间和精力在自己的项目上，他们的技术能力也非常过硬。但是，仅仅在技术方面成功是不够的。这些成功的创业者中，大部分都不是MBA毕业、甚至有一些没有上过大学，他们对很多事情并不了解。比如说，大部分人根本不懂财务。当然，在企业发展的初期，企业规模小、业务简单，也就不需要有非常高明的财务管理人和复杂的管理制度。但当企业发展到一定阶段，就必须要找到合格的财务总监，把良好的财务管理制度和标准带入企业中，甚至是强行推行，才能让企业的管理水平得到提升。这个问题本身并不难解决，但在中国却由于合格的财务总监的稀缺而显得特别重大。

第二个问题，私募股权投资者在西方积累的经验是否适用于中国。正如我之前提到的，在当今的中国私募股权投资行业，无论公司的名字是英文还是中文，里面办公的员工基本上都是中国人。外资投资机构的这些本地雇员曾在西方受过高等教育，甚至拿过MBA、在西方企业工作过。他们不仅训练有素，更重要的是，他们是中国人且了解中国的文化。这些人能够适应中国本土的商业环境，但并不代表他们不会犯错。这个行业中最关键的是对人的判断，而任何成功的大机构都可能在这方面判断失误。

MANAGING ASSETS IN A NEW AGE

07

资产管理行业的趋势与变革

詹姆斯 · 诺里斯
领航集团董事总经理、国际业务总裁

本文从领航集团的策略讲起，结合领航集团的历史发展数据，分析了资产管理行业的趋势及收费结构的革新，并对佣金问题做了详细讨论。之后从投资建议的演变进一步谈到指数产品的发展趋势，并结合领航集团和整个美国大背景的数据对这一问题做了详尽分析。最后分析了当下投资管理行业的现状，并提出了面对市场现状的挑战可采取的措施，对投资管理行业的发展具有深远意义。

詹姆斯·诺里斯

领航集团董事总经理、国际业务总裁

詹姆斯 · 诺里斯（James M. Norris） 领航集团董事总经理、国际业务总裁、全球执行委员会成员，主要负责领航集团在全球 80 多个国家的机构及零售客户的投资。自 1987 年加入领航集团以来，诺里斯已担任过多个部门的管理职务，包括统计与研究部、企业交流部、市场营销部和战略规划部，并担任董事长助理职务多年。自 2008 年起，诺里斯在领航集团咨询、经纪与退休计划服务部担任董事职位两年，另在领航集团国际机构退休计划服务业务拓展部担任管理职务 4 年，涉及所有企业和政府机构的固定收益型（DB）和固定缴款型（DC）服务业务与项目。诺里斯毕业于圣约瑟夫大学，并获得宾夕法尼亚大学沃顿商学院工商管理硕士学位，为圣约瑟夫大学 MBA 顾问委员会成员及 Triskeles 基金会董事会成员。

领航集团（The Vanguard Group.Inc.） 成立于 1975 年，现已是全球最大的公募基金公司之一，为全球 6 800 个机构和 2 000 万个人投资者提供超过 200 只低投资成本的基金产品以及资产管理方面的专业服务。目前，领航集团的管理规模超过 2.2 万亿美元，其中 1 万多亿美元来自机构投资者。

领航集团成立于美国 1970 年经济大萧条之后金融市场表现最糟糕的熊市时期。领航集团的创始人约翰·博格（John Bogle）发起了一个大胆的尝试：建立一家共同基金公司。这一大胆的尝试让领航集团成为世界上第一家，也是唯一一家由美国证券交易委员会特批的“由客户共同拥有的基金公司”。约翰·博格创建领航集团的唯一理念就是为投资者服务，为投资者创造财富。他坚信《1940 年美国投资公司法案》（Investment Company Act of 1940）所陈述的理念：“共同基金的组织、经营与管理必须以投资人的利益为首要考量，而不是以基金经理人、基金销售通路的利益为考量。”领航集团也是指数基金的领导者，于 1976 年在美国发行了世界上第一只指数基金。

领航集团的策略

领航集团管理着约 2.2 万亿美元资产，在资产管理行业以卓越的被动投资及低成本策略成名，但实际上，领航集团有相当大比重的资产为主动管理型投资，管理成本也很低（见图 7—1）。领航集团创始人约翰·博格曾经说过，如果企业拥有良好的商业道德，那么，它距离成功也不会远。拥有良好的企业道德与相对简单的商业模式是领航集团在资产管理行业成功的重要原因。

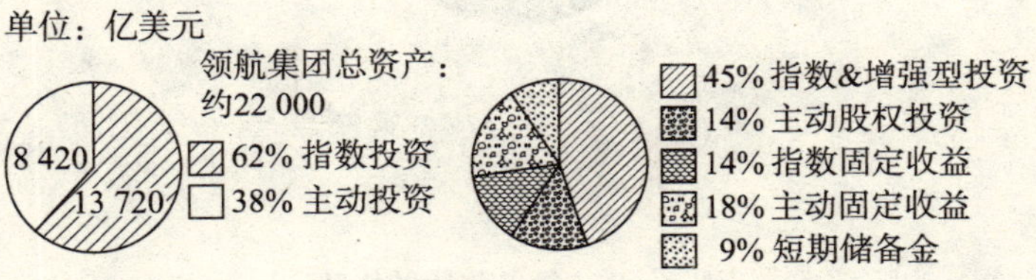

图 7—1　领航集团商业模式

领航集团以客户利益为先，并将商业模式简单化。在一种商业模式中，如果可以把成本控制在相对较低的水平，那么从长期来看，就能跑赢对手。同时，尽可能地控制所能控制的因素，就会有亮眼的长期投资表现。只有高品质的投资管理服务才能长期留住客户，因此，客户忠诚度也是促使领航集团业务增长的一个重要元素。从领航集团过去 40 年的成长历程来看，确实有很多机构的销量总量跟领航集团不相上下，但其中最大的区别就是，领航集团能够长期留住客户，其客户留存率是行业平均比率的3倍。如果不能留住老客户，再加上每年现金流的不稳定性，那么，年末的销售总数一定会波动很大。相反地，如果企业能够长期留住老客户，就会有持续的现金流，企业的资产规模也将壮大。换言之，当企业的业务壮大后，其收费标准就可以适当下调，从而改善公司在整体投资上的表现。这就是领航集团的长期目标，也是一个相对简单的商业模式（见图7—2）。

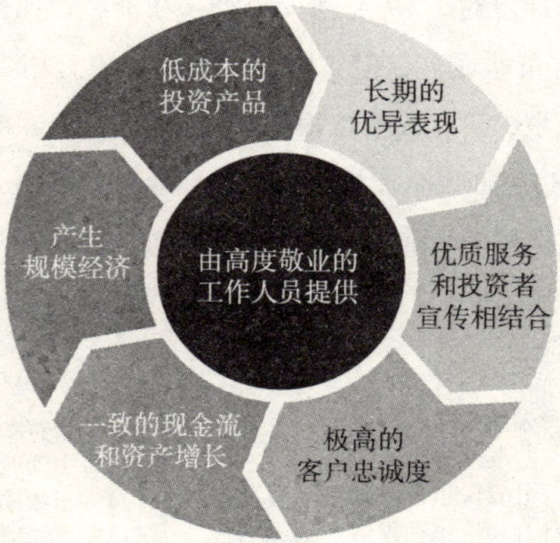

图7—2　领航集团的优势

资产管理行业的4大趋势

第一是市场透明度。市场、监管机构、投资者们都认为需要加大资产管理行业的透明度，但很多人并不明白其中的原因，因为他们不明白在资产管理行业增加透明度的真正意义。实际上，今天的资产管理行业也并没有实现真正意义上的绝对透明，虽然这是投资者的一贯诉求。资产管理行业的管理人需要从客户的角度出发，从投资管理、公司管理、公司运营、信息披露等方面为投资者提供他们所需要的一切信息，从而对投资者负责。

第二是从投资者的立场出发，让投资变得更简单。当投资者在了解投资产品时，他们往往在想，为什么投资过程会如此复杂？资产管理公司有义务让客户知道从选择投资产品到投资过程都应该简单明了，而不是让人难以理解。

第三是信任。每当跟投资者谈到投资的话题时，他们常常会提到信任。他们每天关注财经讯息，每天都有很多人赚钱，不过赚钱的是公司，而不是投资者；同样，是股东赚钱，而不是客户。放眼全球资本市场，金融行业缺乏信任这一现象是普遍存在的。

第四是成本。事实上，投资者很少会问到基金投资的成本及费用。在成本方面，投资者的关注度是远远不够的。

图 7—3 显示了领航集团的平均管理费水平，在过去 25 年出现了下跌的趋势。再看看整个资产管理行业，其收费水平也在同时下降。自从领航集团进入市场后，管理费水平的下降尤为迅速。从图中可以看到的是，并不仅仅是领航集团的收费水平较低，较为发达的资产管理行业的收费水平整体都在下降。

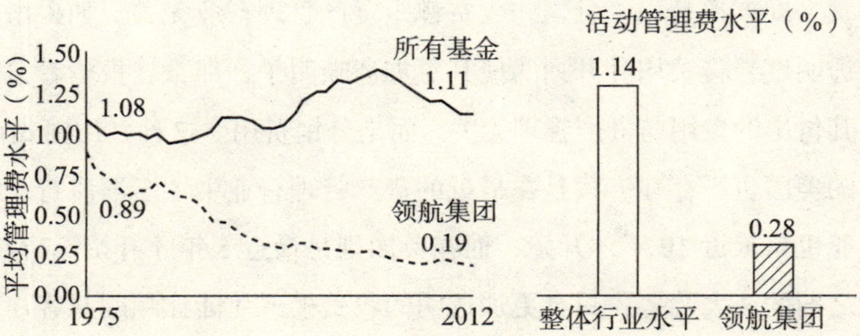

图 7—3　领航集团平均管理费水平

收费结构的革新

纵观资产管理行业的发展历史，资产管理行业的收入来源主要是佣金和管理费。当前，有多个国家或地区都禁止收取佣金，但美国并没有禁止佣金。佣金的业务模式正在逐渐消失，但这并非监管机构的原因，而是由基金产品的透明度所致。今天，大多数投资者通过咨询顾问来购买投资产品。但这些“顾问”有时候是投资顾问，有时却是销售人员。所以，他们并非真正的顾问，而是通过卖产品收取佣金。假设顾问替客户持有产品 5 年，佣金大约是 5%，那么，客户每年就要支付给他们大约 100 个基点的佣金。所以，投资成本并不便宜。

在加拿大，投资者每年大概要支付 250 个基点的费用，在此情况下创造收益将会十分困难。在 1982—1990 年间，美国投资者所创造的投资收益足够支付 250 个基点。但在市场表现一般的情况下，创造这样的收益则十分困难。如果基金为投资者赚取了大概 100 个基点，但顾问实际上可能赚取超过 100 个基点，因此，大部分的管理费都会进入顾问（即分销商）的口袋。

所以，资产管理行业经常要讨论的应该是收费问题。为什么资产管理的费用这么高呢？其实基金的管理费用本身并没有这么高，昂贵的是分销费，即渠道费用，且这些收费都跟资产管理行业无关。如果增加产品的透明度，将费用分开列明使其更加清晰明了，那么，投资者自然会知道其付出的费用与资产管理无关，而是分销费用。这种费用模式在 15 年前的美国也不存在，只是在最近的资产管理行业中才渐渐流行。在澳大利亚也是最近 10 年才开始，而在英国则是最近 5 年才开始流行起来。对比之前的 4 大趋势，只有更加透明的收费模式才能让顾问与客户站在同一阵线上，其互相的利益才会一致。

佣金更多指的是客户支付的费用、顾问费、管理费，但这些都只是名称。投资者一般要支付 100 个基点，但其选择的产品不一定物有所值。顾问更擅长捕捉客户的预期和表现，而被动投资产品的增长更加明显。那么，被动投资究竟是优质还是劣质的投资管理呢？如图 7—4 所示，这种费用模式是客户支付 125 个基点，顾问收取 100 个基点。将之与以佣金为主导的模式进行比较，客户支付的费用由 250 个基点下降到 125 个基点，即客户要支付的费用减半，但顾问同时仍在赚钱。区别在于，费用制度是否完全透明以及顾问和客户的利益是否一致。顾问不再需要通过转移客户的账户来赚取佣金，他们所赚的佣金来源于他们提供顾问服务的价值。

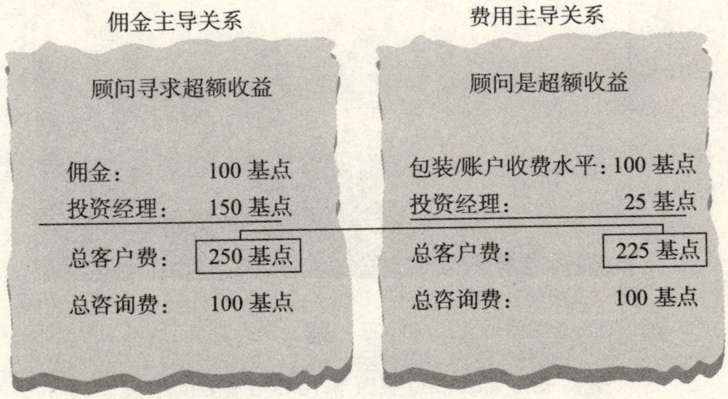

图 7—4 佣金模式 VS 费用模式

从资产管理行业的角度出发，长期支付 250 个基点与支付 125 个基点相比较，投资者所获得的回报将会有很大的差距。假设最后的投资收益是一样的，那么，支付 250 个基点所得到的回报要比支付 125 个基点所得到的回报要小得多。这两种情况对于客户的利益而言是完全不一样的（见图 7—5）。再从行业费率的趋势来看，2013 年，英国佣金模式的市占率是 7%，由于通过了零售分销审查的规定，英国所有的财务顾问都采取了费用模式。而在此之前，佣金模式的市占率为10%。费用模式的转换速度很快，而且都实施在分销商和顾问身上。美国的佣金模式的市占率为55%，澳大利亚佣金模式的市占率约为25%，加拿大佣金模式的市占率约为15%（见图7—6）。其他市场费用模式的转型也处在初始阶段，可能要10年、20年或30年才能发展完成，但整个行业都会向无佣金的方向发展。在未来30年，每个市场上以佣金为主导的模式也会衰退。资产管理人、分销商与银行的关系将大大地改变资产管理行业的行业结构。

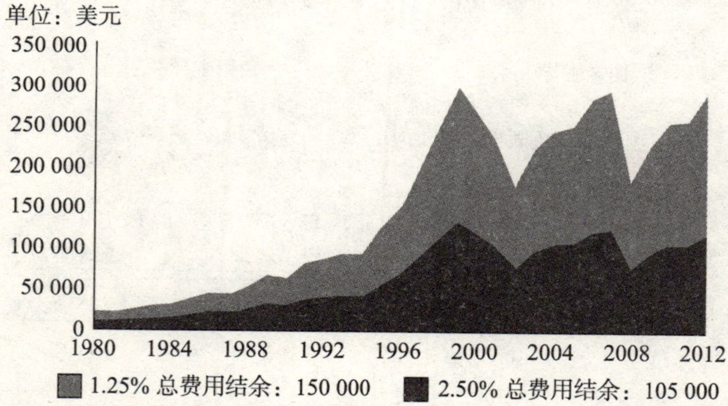

图7—5　标普500指数下10 000美元的增长

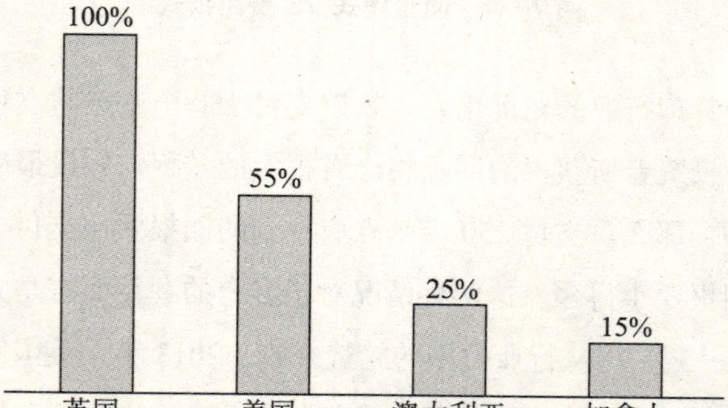

图7—6　各国佣金模式市占率

指数产品的发展趋势与演变

图 7—7 显示了指数产品的发展趋势。作为大型被动投资产品的供应商，领航集团同时也管理着数以万亿美元的主动型产品，其中包括领航集团提供的全部股票型基金，都属于传统主动型管理基金。领航集团的管理费平均为 25 个基点，但市场平均管理费为 250 个基点。所以，真正的改变在于指数产品。美国就是一个很好的例子，因为它正是指数产品的发源地。同时，指数产品在美国的发展与演变也十分迅速。回到 1990 年，市场的平均管理费率大概只有 2%，指数产品大概也只占零售投资者市场份额的 2%。在 1975 年领航集团成立时，这个数字为零，即美国当时的零售市场上没有任何指数基金。经历了两代人的努力后，如今的美国零售投资者市场大概有将近 3% 为指数产品，且这个数字还在增长中。

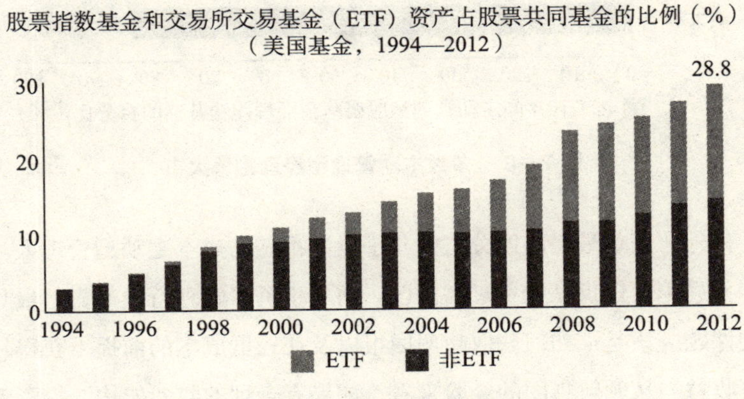

图 7—7　指数产品发展趋势

因此，从资产管理公司的业务角度而言，从图 7—7 中可以看到领航集团主要业务的发展。事实上，零售市场中的资金从主动投资流入被动投资，一方面是因为主动型管理人的表现没有跑赢大市。另外一个很重要的原因则是投资成本。从根本上来说，并不是因为主动型管理人达不到优异的超额收益，而是因为他们在 150 个基点的超额收益回报上再收取 250 个基点的投资费用，最后超额回报就变成了负数。任何一个专业投资人都想知道在未来 10 年，哪个资产管理者以及哪个产品可以跑赢大市。以 10 年的投资周期来看，表现最好的前四分之一都是低成本的主动型投资管理人。并非他们聪明，而是其相对于其他管理人的投资成本更低（见图 7—8）。

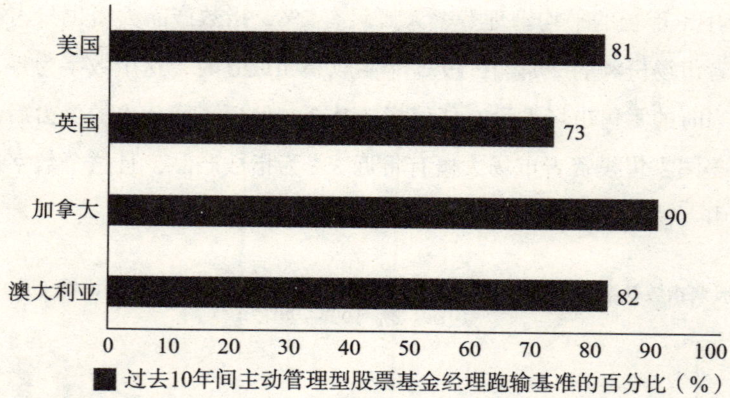

图 7—8　多数主动管理型经理跑输大市

另外，表现最差的四分之一几乎全部都是高成本主动型管理人。他们并不愚笨，仅仅是收费过高而已。而对于资产管理行业而言，最具意义的课题应该是：如何获取超额回报以及在较低成本的前提下获得较高投资收益。从领航集团的经验来看，如果有合理的收费架构，投资者获得超额收益的可能性会比较高。

从另一个角度来看，整个行业所面临的挑战也十分严峻，主要表现为两点。第一，是规模方面。最成功的资产管理人无可避免地会大量聚集资产。但跟指数型管理人不同，规模并非对资产管理人有益。相反，规模是主动型管理投资的敌人。如果管理人聚集更多的资产，管理规模越来越大，那就更难取得高的超额收益回报。因此，恪守投资原则并有一定规模的主动型管理人十分难得。

第二，资产管理人必须面对市场现状。主动型管理人若不能为投资者提供比被动投资产品更高的投资收益，那么其相对高昂的管理费将会使得投资者的收益大幅缩水。主动型管理人在收取高额管理费的同时，应专注于为投资者带来超额收益，承受相应的风险。但如果其投资表现不佳，那么其投资产品的收益将会远低于客户的预期。

MANAGING ASSETS IN A NEW AGE

08

养老金体系之鉴
美国养老金体系的发展与演变

威廉·麦克纳
领航集团主席兼CEO

尽管 2007 年以来美国遭受了严重的金融危机，但其养老金体系仍旧是世界上最理想的养老金体系之一。领航集团是美国 DC 计划的重要成员之一，在计划中拥有超过 5 000 亿美元的资产。作为养老金行业的领导者，领航集团深知，全方位理解 DC 计划及其在退休金体系中的角色定位至关重要。

威廉·麦克纳

领航集团主席兼CEO

威廉·麦克纳（F. William McNabb III） 现任领航集团主席兼 CEO。麦克纳于 1986 年加入领航集团，2008 年成为集团 CEO，同时在 2009 年担任董事会主席及理事会主席。在此之前，麦克纳曾管理领航集团的业务发展部并担任机构业务和国际业务部董事总经理，主要负责美国养老金市场的业务。麦克纳长期活跃于投资管理领域，现为美国投资公司协会执行委员会成员。

美国养老金体系的发展阶段概览

养老金市场总体规模及市场概况

截至2013年年末，美国养老金规模已接近23万亿美元，比2012年年底增长15.6%，第四季度环比增长5%；退休金储蓄在美国家庭金融资产中占比达34%（见图8—1）。

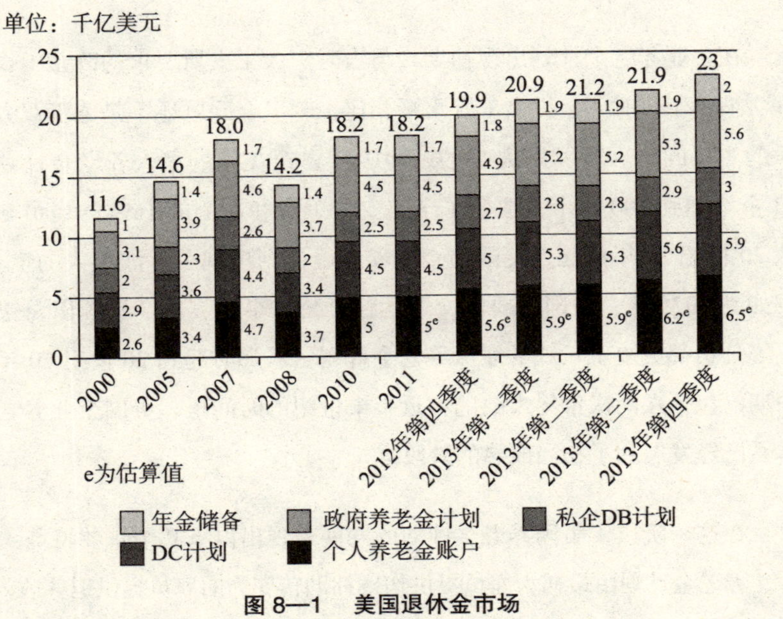

图8—1 美国退休金市场

资料来源：ICI。

美国养老金体系的发展阶段

早期阶段（18世纪—1974年）

美国最早的养老金体系出现于18世纪后期，是美国独立战争期间向海军退伍军人支付的养老金。当时并没有专项资金来源，因此，一旦资金用光，街头就会出现骚乱。最后，美国国会决定将所缴获的公海海盗的货物出售款作为养老金的资金来源。但是，这一资金来源并不稳定也不可靠。19世纪的美国工业化和铁路大发展给美国经济和社会带来了重大影响，越来越多的农业人口向城市迁徙，转变为产业工人。为了获得稳定的劳动力来源，避免劳动力流转过快，美国第一个由私人企业资助的养老金计划应运而生。1875年，美国运通公司为它的雇员实施了世界上第一个正式的养老金计划。

在企业养老金计划出现初期，与当时广大工人所要求的改善工作条件、缩短工作时间、提高工资水平相比，养老金问题还不是劳资双方斗争的主要问题。所以，从1899—1919年，全美国的私人养老金计划从13个增加到300多个，覆盖了全美支付工资和薪酬的15%的雇员。但从20世纪20年代起，美国的企业养老金计划出现了一波很大的增长，例如到1925年，美国主要的交通运输、公共事业、矿产资源以及银行业等公司都成立了正式的雇员养老金计划。从那时起到20世纪70年代中期，包括在两次世界大战的将近半个世纪的时间里，美国企业养老金体系已经发展到了相当成熟的阶段。

在这一阶段，美国养老金计划的发展表现出以下几个重要特征：第一，养老金计划由最初为雇员提供伤残补助转变为向雇员提供退休收入；第二，计划资金的来源由最初完全来自企业的当期应税收入变为企业当期应税收入与雇员当期应税收入相结合；第三，养老金计划资产开始从公司的资产中独立出来，两者不再混为一体；第四，养老金计划资产由最初的几乎没有投资运营到投资于资本市场。事实也证明，这两者之间产生了明显的互相促进的效果：美国资本市场发展更为健康，企业养老金计划自身的资产也得到了保值增值。

《雇员退休收入保障法》时代（1974 年）

将《雇员退休收入保障法》（ERISA）作为一个划时代标志，是因为 1963 年发生的一件非常著名的事件，即“斯图特贝克事件”（Studebaker Incident）。斯图特贝克是一家美国汽车制造厂，这家工厂在 1963 年底倒闭，造成 7 000 多工人失去工作。由于当时美国的法律法规并不十分健全，斯图特贝克汽车制造厂在最终倒闭之前的很长一段时间里因为经营不善而未曾向养老金计划缴纳资金。因此，这一倒闭事件直接导致斯图特贝克为工人们所成立的企业养老金计划停摆。当该计划终止时，计划资产远远小于计划的负债余额，出现了巨大的资金缺口，致使 4 000 多名参加该计划的雇员完全丧失退休津贴。这一事件造成了巨大的影响，再加上随后的一系列破产事件，使得整个美国社会无法再对养老金计划参加者的利益保障问题视而不见。于是在 1974 年，《雇员退休收入保障法》出台。《雇员退休收入保障法》对企业年金计划的设计和管理运作提出了非常严格的规范要求，并对年金资金的筹措、计划参与人参加和保留年金权利的问题、受托人的遴选标准以及年金计划报告信息的披露都做出了明确的规定。这次立法所形成的主要原则包括：

- **“唯一目的”原则，**要求受托人将计划的参与者以及他们的受益人的利益放在首位，追求客户利益最大化，管理养老基金的开支不超过合理的水平；
- **“审慎人”标准，**即受托人必须细心、熟练、审慎地开展工作；

- **投资分散化原则**，即受托人在对计划资金进行投资时，必须对投资标的进行合理的分散，以降低系统性风险；
- **禁止交易条款**，也就是禁止受托人与那些和养老金计划存在密切关系的组织和个人（如雇员、工会和专业服务提供商）进行任何金融交易；
- **禁止受托人自我交易原则**，即反对受托人出于自身利益考虑而对计划资产进行交易，反对受托人为了“利益相关者”而从事有损养老金计划的利益的投资活动，反对受托人在交易时考虑交易对手的利益，避免形成利益冲突的交易。

401（k）计划的出现（1978 年）

在 20 世纪 70 年代后期，美国政府开始寻求新的方法鼓励为未来储蓄。在 1978 年的《国内税收法案》的修改中，美国国会批准了第 401（k）节。这一节的主要内容是，允许雇员将其一部分税前工资缴入一个储蓄计划，累积到退休之后才开始使用。由于雇员可以税前缴费，并且政府不对个人退休账户投资所获得的红利、利息和资本利得征税，因此，只要退休后资金未被支取，雇员就可以一直享受递延纳税所带来的税收优惠。一般而言，雇员可以从下面三种选择中选取一种待遇领取方式：（1）一次全部提取，纳税税率约为 25%；（2）按月支取，按月纳税，税率为 10% 到 15%；（3）转存入银行，不需要纳税。递延纳税是 401（k）计划的一大特征，这一特征极大地促进了 401（k）计划的发展。

最初，许多已经设立传统的养老金计划的公司同样也采纳了 401（k）作为其雇员的补充储蓄。但越来越多的新公司，包括微软，沃尔玛以及苹果公司，都决定将 401（k）作为它们的第一个而且是唯一的退休金计划。新的401（k）对于快速成长的科技类和服务类公司具有很大的吸引力，原因主要有两个：首先，401（k）计划的管理和运作成本较低；其次，401（k）账户余额具有可携带性，即该账户既可以转移到新的雇主所成立的养老金计划中也可以进入个人退休账户（IRA）。

401（k）计划带来了巨大的变化。从1980年至今，许多公司的养老金计划开始淡出，401（k）或相似的计划开始实施。固定收益计划向401（k）的转变是有理由的：成本、会计规则的变化以及税务规则的改变。但是，除了这些财务上的考量之外，许多公司的经营哲学也发生了改变：即从用固定收益计划奖励长期雇员转变为通过固定缴费计划向其提供可携带的利益。在1974年，私人部门的工人中40%拥有固定收益计划，10%拥有传统的利润分享计划。今天的情况则刚好相反，近半数的工人拥有固定缴费计划，而不到10%的工人拥有固定收益计划。

401（k）计划的进一步演变

401（k）计划在过去30多年的演变中使得我们对于投资者行为以及鼓励人们为退休而储蓄有了更深入的了解。到目前为止，401（k）计划的演变经历了4个发展阶段，但这些发展阶段在一定程度上略有重叠。

在401（k）计划的第一阶段，计划参与人可以选择的投资标的非常有限。在20世纪80年代早期，基金投资的标的只有股票基金和一些保险公司发行的保本型产品可供选择。这就是典型的早期401（k）计划。这一时期对于大多数计划而言，不存在金融培训服务。计划按季度估值，如果计划参与人做出改变，则需要等到季末才能生效。如若计划相对较新，那么，大多数雇主则需要花费大量时间去说服雇员参与该计划。

当401（k）计划演变到第二阶段时，计划有了更大的灵活性和更多的选择。基金的数目也急剧增加，有些计划有大约10只、20只甚至50只基金，还有一些计划甚至提供经纪窗口使得计划参与人能获得尽可能多的选择。

金融培训项目也进入了一个新的创造性阶段，充满想象力和创造性的培训材料用于帮助雇员建立正确的储蓄习惯。金融培训的目的开始侧重于做出更好的投资决策和退休前规划，而不仅仅是为了加入某个计划。如果参与人对其账户或其他服务有疑问，可以拨打免费电话进行咨询。几年之后，公司开始为参与者引入在线服务，使其能够直接进入和评估他们的账户。

第三阶段的发展受到了行为金融研究成果的极大影响。行为金融研究领域的一些研究成果改变了公司设计401（k）计划的方式，以及如何向雇员介绍和讨论这些计划。这些新的发现是401（k）计划产生以来在退休基金领域最重要的发展之一。大量的工人希望为未来储蓄，但惰性阻碍其采取行动。同样的，雇主向雇员提供分散化投资和其他优质投资实践信息，但许多雇员依然采用非常不成熟的策略投资于基金，比如追求高收益股票或在资产配置中太过保守。

截至2013年年末，美国雇主固定缴费计划的总规模为5.9万亿美元，其中约4.2万亿美元为401（k）计划。同时，美国共同基金管理着在401（k），403（b）和其他固定缴费计划中约60%的资产，相当于约2.6万亿美元（见图8—2）。

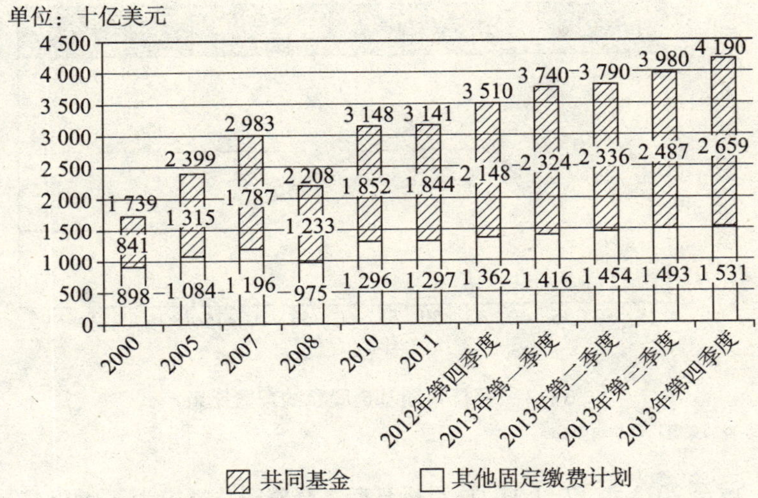

图 8—2　401（k）计划

资料来源：ICI。

目前，随着越来越多的美国工人处于一种“自动驾驶”模式，401（k）进入了第四个发展阶段。这一阶段的主要特点就是金融培训项目更多的以网络和移动设备为中心，而印刷品培训材料及培训会议日渐式微。公司的兴趣不再仅限于帮助雇员为退休而储蓄，它们会同时帮助雇员开拓更宽广的金融生活。在美国，领航集团是 DC 计划的重要成员之一，在 DC 计划中拥有超过 5 000 亿美元的资产。在计划中，领航集团为 1 600 位计划发起人（雇主）以及超过 300 万的参与者（雇员）提供资产管理服务。作为行业的领导者，领航集团深知对于 DC 计划以及其在退休体系中的角色的全方位理解至关重要。

此外，值得一提的是近年来目标日期基金的发展。随着养老金体系的不断壮大，目标日期基金也成为与雇员所在的年龄阶段所能承担的风险水平相匹配的一种投资基金。如图 8—3 所示，目标日期基金的股票投资比重随着雇员年龄的增加而向下调整。

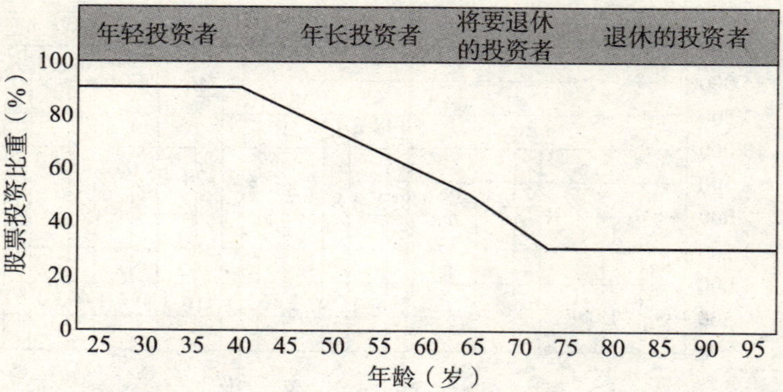

8—3　目标日期基金股票的配置比重

资料来源：领航集团。

截至 2013 年 12 月 31 日，目标日期基金资产总规模为 6 180 亿美元，在 2013 年第四季度中增长了 7.3%。养老金账户持有绝大部分的目标日期基金：其中 90% 通过 DC 计划和个人退休账户持有（见图 8—4）。

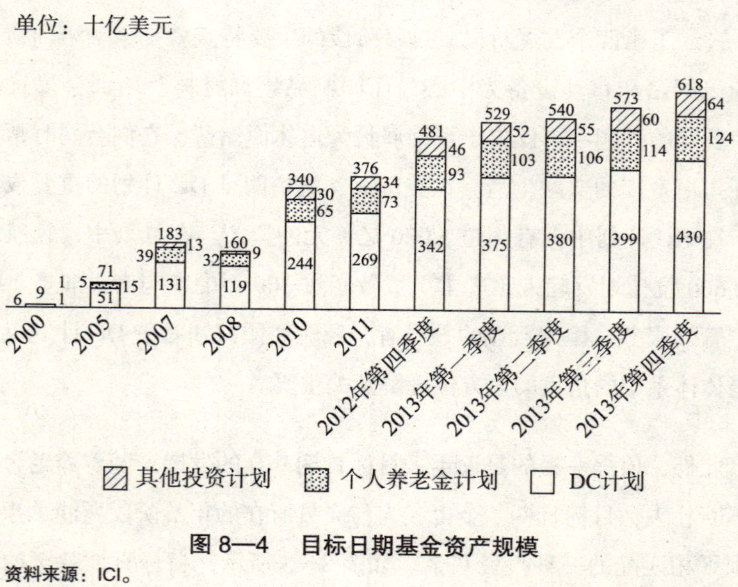

图 8—4　目标日期基金资产规模

资料来源：ICI。

美国养老金体系面临的挑战

为社会保障和医疗保障融资的挑战。支付给老年人口的养老金来源于劳动人口。但在美国，7 800 万婴儿潮中出生的美国人已开始步入退休年龄，这意味着 14 万亿美元的储蓄将转化为支出。到 2033 年，美国老年人口将从现在的 4 510 万增加到 7 740 万。换言之，在 1945 年，42 个劳动人口支持一个社保受益人；今天，2.9 名劳动人口支持一名社保受益人。到 2030 年，将出现 2 名劳动者支持一名社保受益人的情况。

将私人计划推广到小型公司的挑战。在美国，大多数新增工作岗位由小型企业创造。但是，大多数在小型企业就业的雇员得不到雇主赞助的退休计划。许多小型企业不提供退休计划是因为提供这样的计划太过复杂。美国国内各界人士提出的建议很多，但仍须努力寻求有效的解决方案。

鼓励雇员更多的去储蓄的挑战。平均而言，美国雇员会将其约 9% 的工资缴入退休计划，这其中也包括雇主的贡献。根据领航集团的预测，美国社会保障所面临的资金缺口需要将平均至少 15% 的工资缴入计划，才能在退休后得到足够的资金。

合理安排退休后支出的挑战。今天，多数拥有 401（k）的雇员将拥有社会保障，这将向其终身支付年金、房屋贷款，401（k）中的一笔一次性支付以及个人储蓄。这些人将怎样以负责任的方式花完这些资金？他们在退休期间如何进行投资？是否应当将 401（k）储蓄的一部分年金化？

来自监管的挑战。共同基金对于美国金融系统的健康起着举足轻重的作用。事实上，401（k）的 50% 投资于共同基金。但当前资产管理者面临着一些严峻到足以深刻影响美国金融系统运作的监管问题。例如《多德－弗兰克法案》、货币市场基金改革、ETF 规则制定等。

金融危机对美国养老金体系所产生的冲击是最大的。除主要持有美国政府联邦债券的社保基金外，其他类型的养老金资产在金融危机后的价值大幅缩水。在这一背景下，美国政府采取了直接的资金救助、调整养老金资产配置及投资比例等措施来应对危机。美国养老金计划把投资美国股票、债券等转向房地产投资、非美国股票及私募股权投资以降低养老金计划的总体投资风险。但到目前为止，还未出现复苏的迹象，社会保障的前景越来越不明朗。甚至有观点认为，美国社保制度已经到了需要提高法定退休年龄、适度提高缴费标准和降低退休金水平的时候。

美国养老金体系计划值得中国借鉴之处

一个国家养老金体系的发展与演变与其经济和社会发展的路径及政治制度有着密切的关系。因此，并不存在养老金制度的标准范式。但是，这并不意味缺乏衡量一个良好的养老金体系的评级标准。不论国别，一个成功的养老金体系必须具备以下 8 大特质：

1. 必须是一个公共 / 私人的合伙制度。这意味着，同时拥有一个强大的公共网和一个健全的私人计划体系。

2. 必须有诚信的行为守则。最简单的规则就是：永远将投资者的利益放在首位。

3. 必须有严格的监管和执法。在养老金上有企图者将会受到法律严惩。

4. 必须有独立的托管和信托制度。保护委托人的财产非常重要。

5. 体系必须透明。让计划参与者了解他们的资金运作并能追踪缴费、收益和分配情况。

6. 针对计划参与者的教育与互动。仅仅设计一个好的体系远远不够，同样还需要向参与者解释其所有特征、好处和风险。

7. 计划资产必须有独立的投资。这意味着，应该有许多货币市场投资经理为计划服务，且他们之间必须要有激烈的竞争。在美国，有 776 家公司为基金投资者提供资产管理服务。这同样也意味着，决策者是雇主而不是公共部门。

8. 必须敢于创新，接受变革。发生在私人养老体系的变化非常迅猛（例如，从固定收益计划到固定缴费计划的转变）。创新的例子包括基于行为金融的产品改进（如自动注册、自动缴费渐增、咨询建议、目标日期基金和移动接入等）。

中国同美国一样面临着严重的人口老龄化问题。从 2010—2040 年的 30 年中，中国养老金占比将从 11.4% 提高到 34.6%。除了人口这一不利因素外，中国的养老金体系还存在着管理分散、资金不足、投资范围选择有限等问题。因此，中国的养老金体系远比美国落后也就不足为奇了。近年来，中国国内各界人士呼吁借鉴美国的 401（k）计划，建立中国版的 401（k）的呼声日益增强。那么，美国的 401（k）计划有哪些方面值得中国借鉴呢？

第一，辩证对待政府在养老金体系中的作用。在美国养老金体系中，政府保障与雇主保障、个人保障三者是有机结合在一起的。从行为主体来看，第一支柱计划的行为主体是政府，第二、三支柱计划的行为主体则分别是雇主和雇员。其背后的逻辑是，对于包括养老在内的社会保障是政府、雇主和个人的共同责任。因此，既不可能也没有必要由政府包揽一切。除了为公民提供基本养老保障之外，政府可以通过法规制定引导商业养老金市场有序发展以及为养老金计划的发起人、管理人、受益人制定相应的管理规定，使其承担各自相应的责任和义务。

第二，应当制定优惠政策促进市场繁荣。正如美国税收法修正案401（k）条款使得其商业养老金的发展欣欣向荣一样，中国也可以借鉴这一经验，发挥税收政策的撬动作用，鼓励和支持企业年金制度。根据中国现行政策规定，企业缴费在工资总额4%以内的部分可税前列支，4%之外的企业缴费无法享受税收优惠，这与美国按照401（k）计划设立的退休基金，即允许相当于雇员工资25%的供款的税前列支的优惠政策相比，还存在着相当大的差距。因此，中国可以借鉴美国401（k）计划延缓纳税的措施，加大税收优惠力度。

第三，政府各相关职能部门应当充分协作，保障养老金体系的健康发展。根据美国《雇员退休收入保障法》的规定，对商业养老金业务的主要直接监管部门有三个：美国税务局、美国劳工部和退休金津贴保障公司。同时，美国证券交易委员会、银行监管机构、保险机构等对养老金业务有间接的监管作用。中国的保险、证券监管部门应与劳动和社会保障部、财政部、国家税务总局协调运作，共同对养老金业务及相关管理机构进行监管，从而确保整个养老金市场及管理机构的稳定发展。

第四，强化对计划参与人的培训，培养其自主决策能力。由于多数投资者尚不具备自主投资能力，因此，当前中国企业年金的运作模式通常是由受托人指定投资管理人，进行统一的投资运作。但从长远看，向计划参与人提供各种形式的投资培训，帮助其了解个人账户的运作情况将非常有利于养老金市场的发展。

第五，养老金投资必须强化资本市场导向，与资本市场共同发展。离开强大的资本市场，不可能建立起健全有效的养老金体系。强化资本市场导向意味着可以借鉴美国 401（k）计划的经验，在构建企业年金时实现投资渠道多样化，允许雇员自主选择定期保证利率的国债、公司股票、共同基金等投资方式，达到分散风险及资产保值增值的目的。与资本市场共同发展意味着允许企业年金投资的多样化，这反过来可以促进资本市场进行金融创新，从而实现资本市场的健康发展。

MANAGING ASSETS IN A NEW AGE

09

投资组合的风险极限在哪里

衍生品、期权与卖空

南希·戴维斯

Quadratic Capital Management LLC

首席投资官兼执行合伙人

投资者卖空证券或获得杠杆的传统方法是通过现金机构经纪。但是，与“delta one”衍生品的合成风险敞口相比，传统的机构经纪使资产负债表和资本的要求更高。在“delta one”衍生品中，银行有可能在资产负债表外与客户交易。此外，利率互换和信用违约互换市场转向场外清算等监管变化，导致低利润率业务而非自营和做市等高利润率业务占用了大量资金。银行则对某些资产负债表密集型低利润率业务的股本回报率提出了质疑。

南希 · 戴维斯

Quadratic Capital Management LLC
首席投资官兼执行合伙人

南希 · 戴维斯（Nancy Davis） 作为总统学术奖学金获得者从乔治·华盛顿大学毕业。凭借优异的成绩和在期权领域的投资经历获得高盛的青睐，成为一名卖方交易员。2002 年，高盛的风险套利部被并入自营部。在新的部门编制里，戴维斯开始进行信贷和资本结构套利的工作。2003 年，戴维斯正式成为高盛集团信贷、衍生品与 OTC 交易部主管。之后，她于 2008 年初从高盛辞职，成为摩根大通旗下对冲基金 High Bridge Capital 的投资经理，并管理着约 5 亿美金规模的衍生品投资组合。2013 年，南希·戴维斯创立了对冲基金 Quadratic Capital。

Quadratic Capital Management LLC 一家创新型投资顾问公司，专注于全球宏观策略，总部位于美国康涅狄格州格林威治。大多数宏观对冲基金的投资组合是“delta one”衍生品，其回报呈线性，风险管理的方法是止损；而 Quadratic 的投资组合完全基于期权及其衍生品，所以很清楚投资组合的亏损极限是多少。

衍生品真的是邪恶的“大规模杀伤性金融武器”吗

沃伦·巴菲特有一句名言，他称金融衍生品是大规模杀伤性金融武器。衍生品的确可能成为大规模杀伤性武器，事实上它不止一次扮演过这种角色。巴菲特早在2002年就做出了这个有预见性的论断，之后，衍生品与错误的风险管理和管理人员的过度自信结合，引发了2008年的金融危机。他正确地指出了衍生品的风险，正如他数十年来正确指出的诸多其他问题一样。但是，他的表达过于宽泛，把衍生品的风险和潜在好处混在一起。今天，衍生品比以往任何时候都更能提供本金保护，并帮助投资者跑赢大市，尤其是在卖空时。

“衍生品”一词涵盖很多产品。所谓的“delta one”衍生品，是指其回报呈线性，并且呈对称性的产品。这些产品包括期货、远期、互换及信用违约互换。“delta one”衍生品类似于直接买入一种资产，例如股票。如果该资产上涨1美元；则“delta one”衍生品的投资者赚1美元；如果该资产下跌1美元，则投资者亏损1美元。

尽管这种衍生品看似简单或无风险，但“delta one”衍生品的危险性就在此，它们方便利用杠杆，且有时操作的金额巨大。拥有“delta one”衍生品可能与拥有标的资产获得相同的回报，但它并不是实际买入标的资产，因为衍生品的买方不需要预先支付标的资产的价款。

例如，拥有100美元的某投资者可以以100美元的价格进行投资并买入一股不支付股息的股票。买方支付100美元，得到股票。由于买方已经足额支付了股票价款，当股票上涨、下跌或盘整时，买方并不拥有，也不会收到任何现金。只有当他决定卖出股票时，资金才会再次易手。

与之相比，“delta one”衍生品则完全不同。“delta one”衍生品的买方在最初交易时完全不需要支付任何款项。但是，如果股票每天都在上涨，他会从对手方收到资金；如果股票下跌，他则必须向对手方支付资金。此外，由于他不必预先支付任何费用，因此不会受到必须投资100美元的限制。尽管股票以100美元的价格交易，但这并不妨碍他买入两份“delta one”衍生品，或5份，甚至20份！如果他买入20份，当股票上涨5美元至105美元时，他会赚得5美元的20倍。但若股票下跌同样的幅度至95美元，则他会亏损5美元的20倍，即全部100美元的投资都会亏损，即他必须对他的衍生品予以平仓。即使股票后来回升到95美元以上，他也没有机会挽回其损失。

很明显，这些看起来过于简单的衍生品类型对于不了解其全部风险的人来说可能具有非常大的伤害性。这让我们又回到巴菲特最初的那句话，衍生品真的是邪恶的“大规模杀伤性金融武器”吗？

期权

不同于“delta one”衍生品，非线性衍生品——期权，通过预先支付期权费，也可以具有凸性收益，并提供锁定的杠杆率、锁定的借款成本、波动性风险敞口及下跌幅度。尽管期权也可能会被错误使用，但如果使用正确，期权就能够降低投资组合的风险。在预先规定的时间，按预先规定的价格买入或卖出某种资产。赋予其拥有者买入权的期权被称为“看涨期权”，赋予其持有者卖出权的期权被称为“看跌期权”。作为这种权利的交换，购买期权的人向期权卖方支付一笔不多的期权费。不管发生任何事情，期权卖方都会保留这笔期权费。

支付期权费之后，期权持有者处于十分有利的位置。如果市场如他所预期的那样发展，持有者会大赚一笔。但如果市场的发展偏离其预期，则持有者可以从交易中安然脱身而仅损失不多的一笔期权费。这就像是抛硬币，如果正面朝上，他就赢了；如果背面朝上，他也没有输。拥有期权的好处很明显，当然，天下没有完全免费的午餐。如果所有事情的发展都如期权买方的预期，他仍然无法收回已支付的期权费。尽管他会赚一大笔钱，但会略微少于在购买“delta one”衍生品的情况下所赚的钱。

买入与卖出期权

那么，如何利用期权来降低投资组合的风险水平？关键看投资者是买入还是卖出期权。买入多头期权头寸仅可能会损失支付的期权费，但利润却可能是无限的。卖出期权的最高收益是收到的期权费，而最高损失却可能是无限的。

因此，投资者可以持有看跌期权的多头头寸，从而为其投资组合增加下跌风险保护。来看一个简单的例子：投资组合中仅有一只股票，目前交易价格为 100 美元。再假定投资者能够以每份 5 美元的价格买入执行价格为 100 美元、在一年内到期的看跌期权。在一年之内，他有权以 100 美元的价格卖出股票，考虑到为期权支付的期权费，如果一年内股票的实际价格低于 95 美元，则他将获利。该头寸可能的最高损失仅为 5 美元，即最初支付的期权费。当期权到期时，在股票的交易价格为

100 美元或 100 美元以上的情况下，才会出现这种损失。

卖空

为了防止投资组合的价值下跌，机构投资者广泛采用的一种替代策略是“卖空”。卖空是指卖方出售其并不拥有的证券。在这个例子中，投资者将从经纪人处借入一只相同的股票，并在市场上以 100 美元的价格卖出借入的股票。一年之内，他将买回该股票并还给出借人，并在买入时的股票价格低于 100 美元的情况下获利。但是，和看跌期权不同，这种头寸在股价于一年后上涨的情况下可能导致的亏损是无限的。投资者必须买回股票，不论股价上涨到多高。

有类似问题的是融券成本的潜在负面影响。卖空的投资者必须持续为其借入的股票支付费用，除了买回并归还股票从而结束其卖空之外，他们对该费用的变化仅有很小、甚至完全没有风险保护。尽管多数交易中的股票的融券费用都很低，但也存在由于意外的市场事件而导致的对该股票的需求急剧增加，从而引起融券费用显著上升的情况。

“轧空”的一个著名例子是大众汽车股票的轧空事件。在 2008 年的一段时期内，大众汽车是全世界最有价值的公司。大众汽车股价的飞涨并不是由于基本面；相反，它是一只被广泛卖空的股票，卖空者争相买回股票与其出借人对其空头头寸进行平仓，导致大众汽车公司的股价飞涨。

看跌期权和卖空都能够为投资者的股票投资组合提供足够的下跌风险保护，但由于更高的资本要求及类似于大众汽车公司的“轧空”事件的负面影响，卖空的成本可能更高。

卖空与通过拥有看跌期权卖空

为了检验看跌期权能提供比卖空更好的风险 / 回报机会这一假说，Quadratic Capital 资助了哥伦比亚大学商学院的一项研究，将卖空策略与看跌期权策略进行比较。此项研究从美国主要证券交易所交易的股票中随机选取了 29 只，比较了卖空股票与买入有效期为 9 个月—12 个月的看跌期权。

为了便于研究，假定任何一种策略均不涉及税务，并且在持有期间不进行投资组合再对冲。此外，所有头寸最初都是 delta 中性的，这就意味着它们最初具有相等的多个 delta，或者说两个头寸最初具有相等的股价变动风险敞口。因此，为每只被卖空的股票购买了多份看跌期权。研究共收集了 80 个不同的数据点，以覆盖 2012 年 4 月—2014 年 1 月的整个投资期间。

结果显示，在标的证券符合市场预期的小幅价格波动的情况下（即实际波动率未超过隐含波动率），卖空就更有利可图，因为支付的期权费抵消了头寸收益。但是，看跌期权策略的收益率整体上超过卖空策略 6.2%（中位数为 7.4%，意味着在 50% 的情况下，看跌期权超过卖空 7.4% 以上）。

图 9—1 显示了一个带右肥尾的大致的正态分布。这一观察结果凸显了利用看跌期权而非卖空来提供下跌风险保护的主要好处之一：金融市场上小概率事件的发生频率往往要比预期的高得多。更明确地说，发生“轧空”的频率比预期的要高得多，而在这些情况下，看跌期权策略在结果上要好得多。图 9—2 举出了两个此类极端案例，显示了 2012 年年中高朋和特斯拉股票融券费率的突然上升。

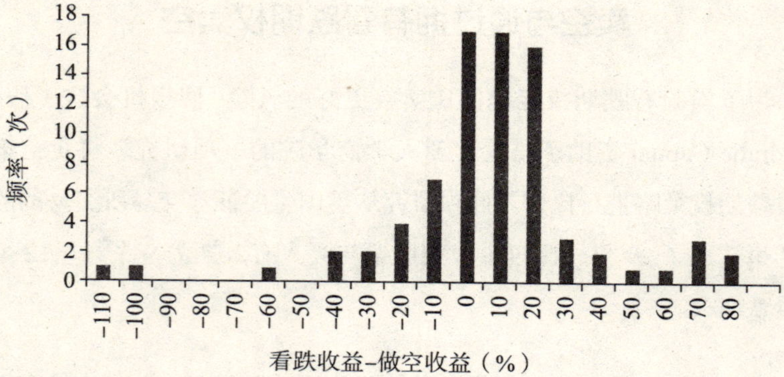

图 9—1　看跌期权与卖空的相对收益率分布直方图

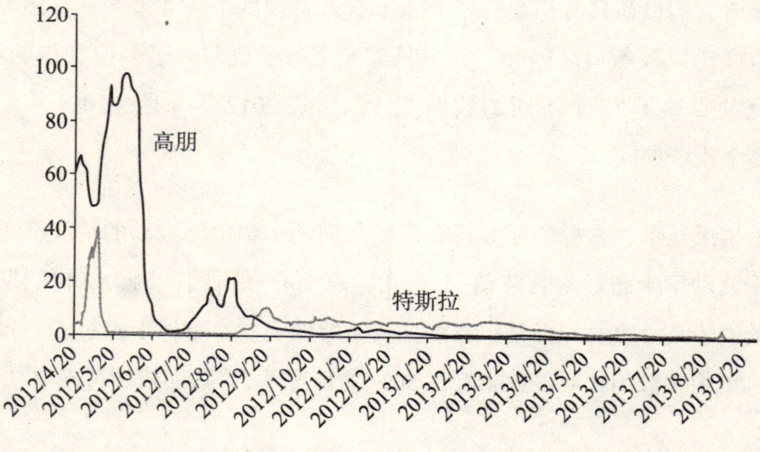

图 9—2　高朋和特斯拉股标融券费率上升情况对比

尽管利用看跌期权策略提供下跌风险保护具有明显的优势，但当极端事件发生时，全面了解使用股票衍生品对冲策略的范围和限制非常重要。

delta 中性的看跌期权相对于对应的空头头寸通常有两个盈亏平衡点：

（a）当股票价格上涨时，$S_T^{BE\_high} = S_0 - S_T - \text{cost}_{Short}$；

（b）当股票价格下跌时，

$$S_T^{BE\_low} = \frac{(nK - S_0 + \text{cost}_{Short} - \text{cost}_{Option})}{(n-1)}。$$

其中，“Short”表示卖空；“Option”表示期权；“n”表示购买 delta 中性的期权的数量。

从哥伦比亚大学商学院的分析研究中的 80 份期权的平均数据可以看出，只要最终股价与最初的股价相比涨 / 跌幅不超过 25%，空头头寸的回报就更高。换句话说，对于标的证券价格的小幅变动，卖空更有利可图（见图 9—3）。

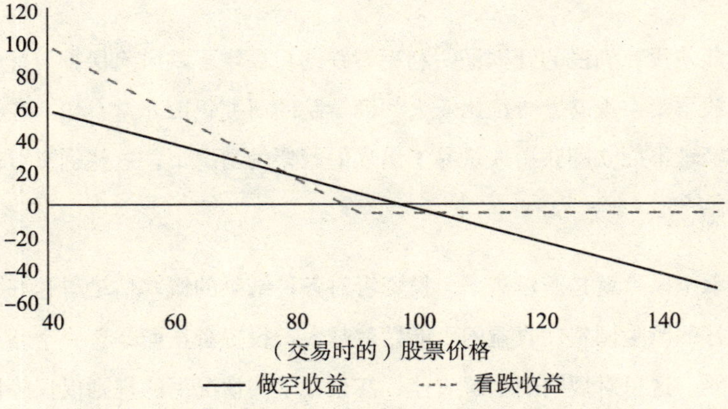

图 9—3 Delta 中性看跌收益 VS 空头头寸收益

盈亏平衡回报范围（卖空更有利可图情况下的高、低盈亏平衡点之间的差额）与期权的隐含波动率直接相关。如图 9—4 所示，按隐含波动率归一的盈亏平衡回报范围平均约为起始价格涨或跌的 25%。

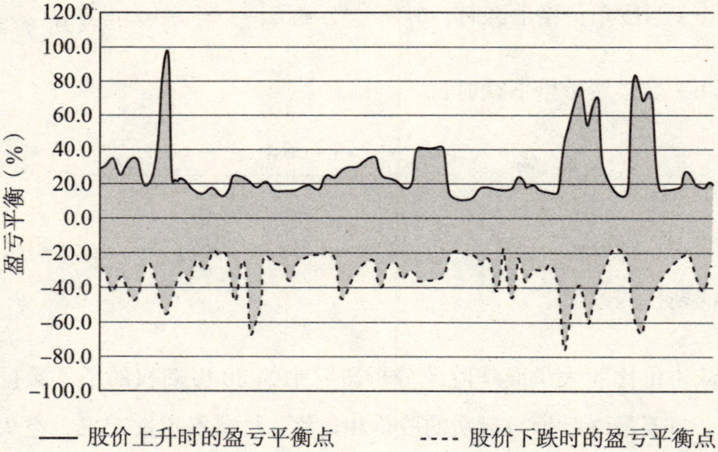

图 9—4　期权数据盈亏平衡回报范围变化

风险之思

即使没有确凿的证据证明利用看跌期权提供下跌风险保护要优于传统的股票卖空策略，哥伦比亚大学商学院的研究仍旧非常有用。在投资组合经理不能立即获得大量易于借入的股票的情况下，这些优点可能更突出。

承担风险就是衡量概率。投资者对各种结果的概率估量得越好，获得更好的风险调整后收益的可能性就越大。投资者正面临着一个新的监管世界，这里对规则的了解欠佳，甚至在某些情况下的规则仅仅停留在纸面上。杠杆率下降了，但流动性却没有。未来资金可能会更加短缺，且更不可靠。中国投资者很快将迎来中国自己的股票期权，这种新产品的早期接受者和使用者将会率先从中获益。

MANAGING ASSETS IN A NEW AGE

第三部分

策略·探索

MANAGING ASSETS IN A NEW AGE

10

关于新兴市场股票投资决策的思考

保罗·维拉
安耐德合伙人有限公司 CEO、合伙人

本文重点介绍了安耐德合伙人有限公司近年来在新兴市场的良好投资业绩，并结合新兴市场的主要特点，详细论述了其取得良好业绩所采用的系统筛选股票、研究分析股票风险、验证假设条件的三位一体的投资框架和投资决策步骤，就如何在新兴市场开展股票投资做了精彩论述。

保罗·维拉

安耐德合伙人有限公司 CEO、合伙人

保罗·维拉 (Paul E. Viera)　安耐德合伙人有限公司创始人、CEO 及合伙人，拥有密歇根大学学士学位和哈佛大学商学院 MBA 学位。作为亚特兰大金融分析师协会资深会员，他有超过 25 年的投资经历，曾担任纽约和伦敦银行家信托副总裁、景顺集团全球合伙人及集团投资委员会高级成员。他同时还是 North Carolina Outward Bound 等公司的董事会成员。凭借其在投资领域的卓越才能和良好声誉，维拉同时受邀成为 CNBC、华尔街广播、《亚特兰大周刊》等新闻机构的特约投资评论家。维拉提出的股票筛选投资程序——"利润模式识别"，为安耐德合伙人有限公司带来了丰厚的收益。

安耐德合伙人有限公司 (Earnest Partners LLC)　美国东南部规模最大的投资管理公司，也是目前全球最大的 25 家独立投资管理公司之一，公司性质属于 100% 全雇员所有制。安耐德合伙人有限公司管理资产规模近 300 亿美元，主要的 300 家机构客户包括主权基金、市政府、州政府、公司、捐赠基金、慈善机构和大学等；金融危机时期参与并圆满完成美国政府委派的 150 亿美元"不良资产救助计划"（TARP）的管理与实施工作。安耐德合伙人有限公司在全球 100 多个国家注册交易，主要投资范围包括股票和固定收益产品。2013 年，安耐德合伙人有限公司被《养老金与投资》杂志（*Pension & Investment*）评选为五年期新兴市场投资业绩第一名。安耐德合伙人有限公司已获得中国政府颁发的合格的境外机构投资者资格，同时也具备欧盟可转让证券集合投资计划资格。从历史业绩来看，安耐德合伙人有限公司近 10 年的投资回报业务在全球资产管理行业中位于领先地位。

新兴市场的投资特点

安耐德在新兴市场的投资业绩名列前茅

图10—1展示了安耐德合伙人有限公司在新兴市场的投资表现，这正逐步成为其主要的业绩表现。这张表为四分图，每个柱体都被分成了四个部分，每个部分代表业绩排名的百分比例。例如，柱体最上方的区域代表前25%的投资经理，柱体最下方四分之一的区域代表排名最后25%的投资经理。安耐德合伙人有限公司就在那个黑色点的位置，表示在过去的8年里，安耐德合伙人有限公司在新兴市场国家的长期投资表现超过了前25%的投资经理。

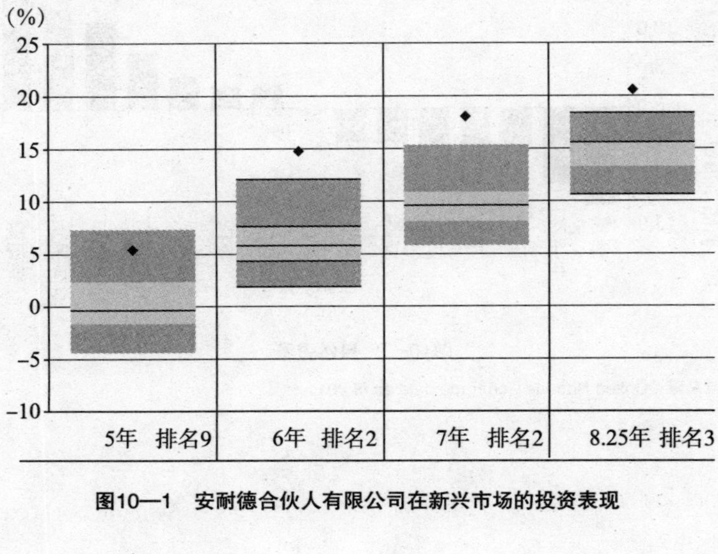

图10—1 安耐德合伙人有限公司在新兴市场的投资表现

新兴市场的特点

市场上经常用两个维度来衡量新兴市场，一是所处的市场环境，二是战略和政策。比如新兴市场的食品股票、食品出口商、人口数据等一些信息都是投资时需要考虑的因素，除了上述因素，自然资源也是投资时应关注的重点（见图10—2）。如果一个国家拥有很丰富的自然资源（石油、矿产等），就可以用来出口。例如，俄罗斯有很多石油出口商，南非和巴西有很多矿产出口商，如果这些自然资源枯竭了，投资策略也要作出相应的调整。

还有，人口、教育水平、年龄等一些因素也会影响投资决策。比如，老龄化的国家会拥有更多与老年人相关的产品，受教育水平高的国家有更多的机会。这就是研究新兴市场时要考虑的一些因素，同时你会意识到新兴市场国家也在寻求不同的发展战略。

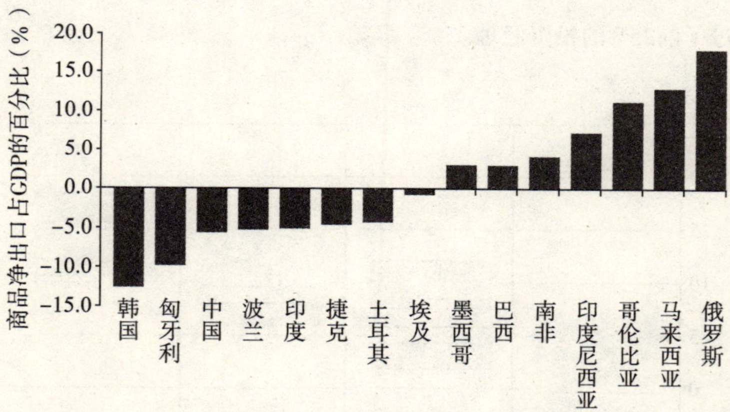

图10—2 自然资源

资料来源：United Nations Comtrade data as of 2011。

不同国家的发展战略

不同的国家有不同的发展战略，这对于股票投资是非常关键的考虑因素。一个国家是采取出口导向、消费导向，还是投资导向，会带来不同的挑战和机会。比如，政府对于该国或该地区的未来战略就是通过债务与GDP的比率来反映，它展示的是政府借款的意愿和能力以及投资与基础设施建设或者消费选择之间的关系。投资行为应当与该国的战略布局有关。

政府的政策差异

图10—3是世界银行编制的关于各国经商便利程度的排名。考虑监管和所有权等因素，经商最便利的国家位于图的左上角，最难的位于图的右下角。巴西号称是做生意最困难也最昂贵的国家。

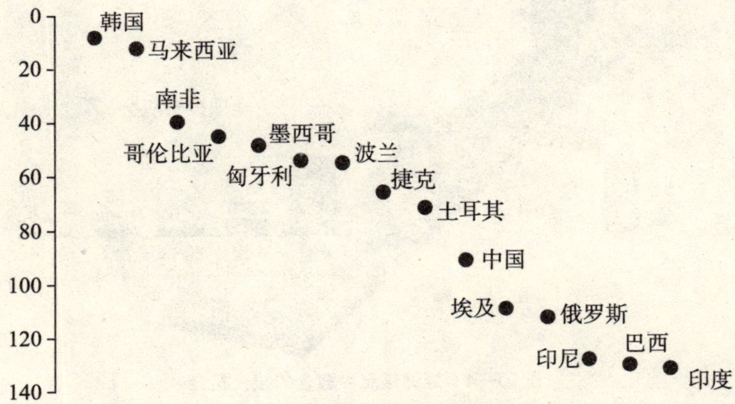

图10—3 各国经商便利程度

资料来源：World Bank。

在新兴市场开展股票投资的三大步骤

安耐德合伙人有限公司采取股票筛选、风险分析和验证假设三个步骤来做出好的投资决策。

如何进行股票筛选

如何运用媒体信息

每时每刻，众多不同的媒体都会带给我们很多信息（见图10—4）。大多数投资者在思考其投资决策时，会考虑“电视上怎么说”、“报纸上怎么说”，这是他们获得观点的主要方法与途径。但媒体上每天谈论的话题非常有限，在媒体上被讨论过的公司也非常少，很可能少于90家公司，而且日复一日，谈论的都是同样那些公司：有一些是大公司，还有一些是当月或当年很热门的公司。实际上，值得关注的公司有数千家，但媒体仅关注其中的数百家。所以，花太多时间关注媒体信息将会分散注意力。

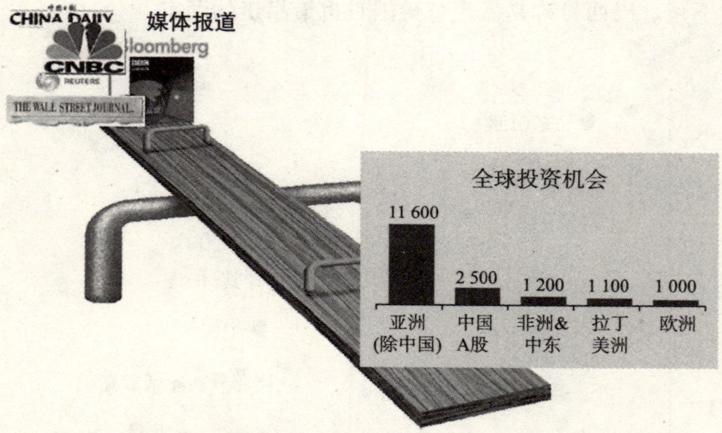

图10—4　媒体信息中蕴含的投资机会

资料来源：World Federation of Exchanges Approximations based on 11/30/2012 data。

安耐德合伙人有限公司坚持的一个原则就是“在做投资研究时，不要仅仅只是读报纸”。要把自己当成记者、出去做调查的人，而不仅仅是阅读者或者别人观点的裁决者。因为他人的观点往往有局限性，而实际存在的机会却会更多。如果想要做出好的投资决策，就必须要比媒体的视野更宽广。

警惕市场上的各种谣言

在投资决策的过程中，还要对谣言格外警惕。谣言不是研究结果，且大部分都不准确。保证信息准确性的方法就是三角定位，即如果要定义空间中的物体，就必须要有三个参照点。依靠谣言来投资并不可靠，一般要花数倍努力才能确定信息的真实性。在投资领域中，必须要竭尽全力获得真相。

具体到投资组合换手率的思考

人的想法变幻莫测、层出不穷。在这个高速运转的世界中，充满了各种各样的想法，你可能很难一下子把你的想法说清楚，而是需要慢下来并花费足够多的时间来获得更好、更理性的想法（见图 10—5）。我经常给安耐德的投资团队传递的思想是“少就是多,多就是少”。你关注的事情越少，理解的细节就越多；反之，你关注的越多，理解的就越少。大多数投资人往往只是抱以希望，发现错误后又立马转向下一个目标。这里讨论的是组合的换手率，核心就是：越少的观点越可能产生好的观点。

图10—5 如果运转过快，你就无法专注

安耐德合伙人有限公司恪守稳健的投资理念，投资换手率低。图

10—6 展示了那些在一年内有 150% 或者更高换手率的投资经理与安耐德合伙人有限公司的业绩对比情况。高换手率也许会让你更有可能遇到一些好机会，但却消耗了大量的时间。投资业绩的好坏与换手率的高低并不成正比。如果你研究得更多、理解得更深刻，就更可能会获得更多更好的想法，从而保证投资的稳健盈利。

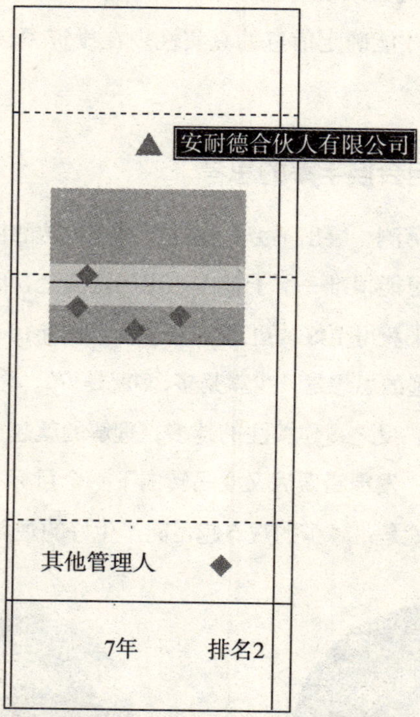

图10—6　安耐德新兴市场策略与年换手率超过150%公司的对比

警惕市场的疯狂

郁金香曾经风靡全球，如果对市场的历史发展有过研究，就会知道在 16 世纪的荷兰发生过郁金香狂热事件。在证券市场上经常会看到怀有这种心态的投资者，但实际上，投资者根本就没有考虑到所投股票的真实价值，而是投资于人为创造的需求中。价格没有支撑的不断上涨，最后只有崩盘。盲目投资者的心态就是这样，而正确的做法是独立思考。一般不要去模仿他人的做法，当你模仿跟从他人时，很可能就是媒体的宣传在起作用。如果想要最终获得好的投资结果，就必须跟别人不同并保持正确。因为如果你和别人的想法一样，那就不可避免会获得一样的投资结果。当然，这样做的前提是你必须是正确的。

但狂热并不会经常发生。Zynga 有很多粉丝，其开发的游戏《开心农场》也很有创意。同时，它也有高达 600 的市盈率，而它本来的市盈率只有 210 左右（见图 10—7）。《开心农场》的价值之所以这么高就是因为消费者对它的狂热，而旁观者可能会暗自庆幸自己不会这么做，但市场往往就是这么后知后觉。我们不断地抵制狂热，但诱惑有时真的很难抗拒。

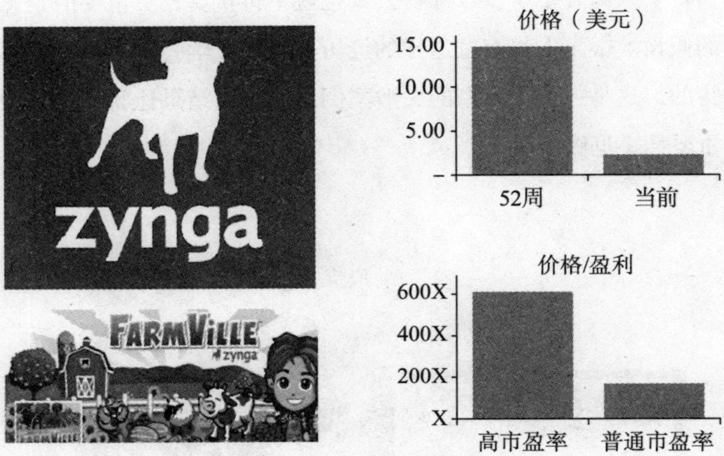

图10—7　《开心农场》的市盈率

风险分析

风险是一个很隐晦的概念。它是我们行为指南中的一个重要考虑因素，因此，要学会衡量风险。现实生活中经常会听到“我不能做这个，因为我预测到了其中的风险”，实际上，跟踪面积越小，风险也越小。大部分风险模型都是以标准差的概念为中心，随着跟踪面积的变大，风险也在变大。真正统计意义上的风险有时候会带来误导，风险分析的意义是帮助我们找到实际操作过程中的应对时机与对策。

假设条件的重要性

一个好学生需要掌握很多公式，但掌握很多公式并不意味着能考出好成绩。只有利用所学的公式解决老师提出的那些假设问题并正确无误地写出答案，才能证明你掌握了那个公式的精髓，并真正成为一个好学生。当一个人离开了学校，那些公式也就不再重要，更重要的是怎么设定你的假设。很多人都有过这样的经历，用的数学公式是对的，但结果却是错的，这是一类很典型的失败案例。决策的结果让我们深知假设条件的重要性（见图 10—8）。

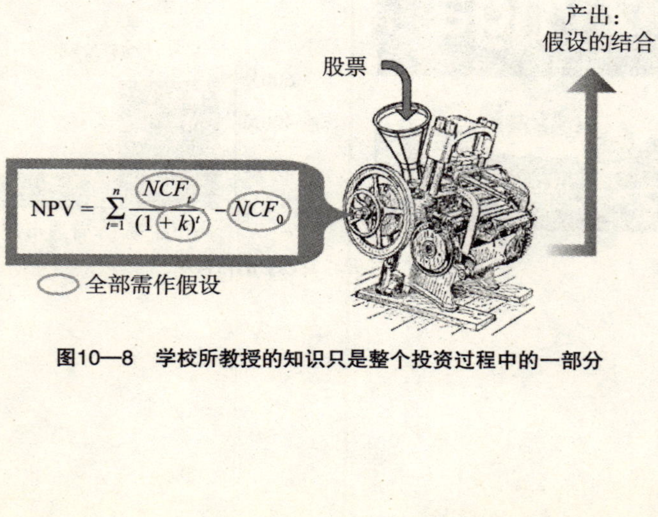

图10—8　学校所教授的知识只是整个投资过程中的一部分

安耐德在新兴市场开展股票投资的主要方法

在关注一个新兴市场的背景情况时，永远不要忽略看起来很简单的信息或现象。实际上，往往就是那些简单的事情能帮助你取得成功。不同的投资者关注市场背景的着眼点也有所不同，安耐德合伙人有限公司投资过程的基本框架核心有三点：首先，集中精力关注相关的数字；其次，控制主要风险；最后，做好基础工作，对假设条件进行合理的评估。所以，核心工作并不难，但实际情况往往是知道一些事情，却只能做其中一部分事情。

通过系统筛选股票

没有任何一家资产管理公司有足够的资源去分析 1 500 只股票，然后从中选出 50 只进行投资。所以，要采用有效的方法来压缩选股空间。安耐德合伙人有限公司所采用的方法是筛选，其筛选系统叫作“利润模式识别”。解释这个系统最好的方法就是跟同行作比较。有些投资公司在投资决策中可能根本没有任何筛选过程，而好的投资公司一定会有筛选系统。

如果找到一只股票满足所有条件，我们就会向客户推荐这只股票。但现在的问题是，客户会假设一个因素或者特征适用于所有行业，比如软件公司和保险公司。但事实并非如此，安耐德合伙人有限公司把所有的股票分成 36 个行业组，然后按照行业组回溯到行业的历史数据去分析哪些因素促进了行业的发展。看软件公司时，可以从这 1 500 家公司中找出 50 家，然后明确促进软件行业发展的主要因素，再选出其中的 10 只股票进一步研究并做出最后的投资决策。不同行业会受不同因素的影响，以采矿行业为例，也许能找到 100 家采矿公司，而其中有 12

家能够反映出相关的特征,那就选出这12家公司。以这种方法展开研究，直到研究了所有行业组。整个市场空间中大概有1 500家公司，安耐德合伙人有限公司以及其他一些投资公司都在围绕这1 500家公司开展基础研究。这就是开展股票投资工作的第一步。

研究分析股票风险

前面已经讨论过筛选领域的问题。围绕基准收益，能看到相关的分布。为了获得一定收益，就要承担一定的风险。对风险的研究叫作下行偏差，它会告诉投资者要关注哪些方面。如果设定了4%的投资收益，那么组合收益就有80%的可能是4%或者更高。减少收益下行的可能性，增加收益上行的可能性。总之，第二步就是利用下行偏差的概念加强对风险的认识。

验证假设条件

如果一开始关注1 500家公司，一般来说会筛选出其中的150家并展开研究，再从中选出有最高期望收益的50家组成一个组合，这样也只是完成了整个投资工作的1%，最关键的一步是确定使用的是否是正确的假设条件。

可以通过与组合团队的沟通来获得比较好的假设条件。安耐德合伙人有限公司的组合团队跟其他公司略有不同。很多美国投资公司的组合团队成员大都戴着大眼镜整天盯着电脑屏幕，他们自称组合经理。我可以非常自豪地说，安耐德合伙人有限公司的团队可以确定非常正确的假设条件并找出应对这些假设条件的最佳方案。安耐德合伙人有限公司的投资研究团队始终从各个行业内招聘员工，比如福特公司、雷鸟公司的高级工程师，所以，在思考汽车行业及其流程时，我们就比其他公司更有优势。安耐德有一位女同事来自于斯伦贝谢公司，这是一家大型油田技术服务公司。她在该公司工作了 15 年，后来成为挪威一家油田技术服务公司的首席运营官。安耐德合伙人有限公司聘用她来研究石油、天然气和矿产行业。她现在已经是欧洲第二大、澳洲第一大油气服务公司的董事会成员。还有一位来自斯坦福的物理学博士，他曾供职于 IBM 实验室研究半导体。IBM 开展这个项目是为了打败全球象棋冠军，而这位同事正是这个项目的项目经理，他同时也在研究其他一些高科技行业。研究团队会聘用各个行业中出类拔萃的人才，这是安耐德合伙人有限公司长期立于不败之地的保证和基石。要由真正的行业专业人员来研究一个行业，这才是获得真实信息的有效方法，而不能只盯着金融市场，那只会让人迷失。

下面再来回顾一下整个流程。从 1 500 家公司中筛选出 150 家，再选出其中 50 家期望收益最高的公司，并确保它们的组合是合适的。至于风险，要关注下行风险，不要关注上行风险。然后分别展开研究，以确保真正了解该公司。同时，使用的假设条件要来自于真实的行业情形，而不是金融行业的公式。这一流程给安耐德合伙人有限公司带来了不错的成绩。

Q&A

问：从 1 500 个公司中初步筛选得到 150 个目标公司的筛选标准和程序是什么？

答：安耐德合伙人有限公司的筛选有两方面的标准，第一个是如何使 1 500 只股票的范围缩小至 150 只。在这点上，我们需要关注个股在不同时间点在行业内的表现特点。如果你关注银行股，应该就知道当银行在 1 倍市净率的时候是很好的投资标的，而当市净率达到 2 倍时就相当危险，这就是我们所关注的其中一个特点。第二个是还要结合另外的因素，这样才能判别出一个真正好的投资标的。这就是我们筛选系统工作的原理，即追溯股票之前的市场表现，从而识别出银行股表现优于基准的特点。在初步筛选工作完成之后，将会由投资团队中有丰富行业经验的人员对系统筛选后的结果进行进一步筛选，在当下环境和目前的市场情形下，逐一对系统筛选出的个股进行基本面分析。

基本面的分析包含至少 4 方面的内容，第一方面是，此银行股在当前环境下是否具备上述表现优异的要素。第二方面是，对财务报告及其附注的阅读。根据经验，真正精准的财务数据往往体现在财务报告的附注中，而不是简单地从利润表或资产负债表就可以得出。对财务报告附注的分析，首先需要确定理解基本数字的来源；其次，需要关注一些财务比率，并运用一些财务模型去真正理解公司的商业模式、杠杆模式及其他正确投资所必要的因素。第三方面是，对公司的管理层作出相应评价。首先要看公司发展历史上管理层的计划或承诺是否有效实现，对此我们会给其打一个信誉分。管理层经常会对外说他们针对公司的经营管理提出的新方法以及如何实施，等等。但事实上，很多时候这些方法并未付诸实践。所以，我们会回头去看管理层之前的言论是否真正付诸于行动。对管理层作出评价的另外一点是，要看管理层是否持有公司股票，是继续持股还是卖出，这是很好的衡量标准。如果管理层自己说其公司股票是一个很好的投资标的的同时却在卖出股票，那就不会是一个可行的投资选择。以上就是安耐德合伙人有限公司评判投资标的的一些基本观点。

问：选股因素在定价模型中起什么作用？

答：我们会投资有 30% 上涨空间的股票，你可能想知道这些股票是如何选出来的。首先，如果股票今天的交易价格是10元，那就先要关注市场有什么样的观点，并假设今天的交易价格为10元每股。然后，投资团队会提出与之不同的假设与观点。比如假设收入会更高些，利润率会更高些或者未来债务会增加，无论是怎样的情形，都会导致我们与市场上普遍的观点形成一系列不同的假设。

正是这一系列与市场观点不同的假设会得出股票有30%上涨空间的结论，这样的股票才值得购买。这30%的上涨不一定要发生在第二天，也可以是第二个月甚至第二年。你有18~24个月需要接受市场对你的考验，也就是说，你将会花费24个月去验证你自己的假设是否正确。所以，在投资的前18个月，我不会去批判我的团队所做出的决策，过早批判并不明智。我希望他们对于投资的理解是前瞻性的，这就需要一些时间去实现收益。所以，在18~24个月之内，我们有30%的安全边际。但这并不意味着当股票价格神奇般地上涨了30%后，我们就会卖出，因为环境时刻在发生变化，所以，继续持有也许能获得更高的收益。也许该公司的发展前景比我们的假设更为强劲，也许公司的经营环境实际优于我们的最初估计，所以，“上涨30%就卖出”并不是一个一成不变的标准。我们需要持续性地评价所选择的股票相对于其他选择是否有更大的上涨潜力。

问：用相同指标来筛选股票如何做到有效分散风险，以及宏观研究与判断对投资分析有怎样的作用?

答：我们需要尽量降低指标间的关联性。我想很多人一想到投资，都会考量宏观因素对投资的影响。但我认为，这很难进行投资评估。因为你需要对所有宏观经济形势及其发生的概率逐一预测，你也许需要预测10种可能发生的情形。举例来说，希腊目前有什么情况，欧元将会出现什么情况，所以，西班牙也会出现这种状况。这些都会影响一个供应商对西班牙和巴西的供货。现在，你有5～6个这样的预测，即使你的预测很准确，有60%～70%的正确率，但这些预测组合起来同时正确的概率却很低，也许最多只有2%～3%的正确率。因此，这并不是一个很好的思维方式。

而我们的思维方式是选择一个行业，找出该行业中所有的竞争者，我们有能力，并且我相信大多数投资者都有这个能力去判别，在众多的竞争者中判断出谁是最好的。我认为这才是可知的，并且是可以进行合理推测的。然后，你可以进一步评估对于你选出的这个优胜者，你会付出多少成本对其投资。市场怎样并不重要，因为是市场中的人决定了市场的表现，导致了市场的上下波动。如果人们想要价格更稳定，市场将会更为稳定，但大多数人并不会如此，所以市场才有涨有跌。因此，如果你拥有行业中最好的公司，这个公司将会跑赢市场，那么，你一般也会持续跑赢市场。比如，如果市场下跌10%，则你所选的公司只下跌了5%；如果市场上涨15%，你选择的公司的涨幅则高达22%。这样的思维方式才会使你获得持续不断的收益和最理想的结果。

宏观经济固然重要，同样重要的是，你是选择银行业还是采矿业作为投资标的，以及还需要考虑的利息收益曲线等事项。但对于我们来讲，更合适的方式是专注于研究一个公司是如何打败它的竞争对手的。

问：请介绍一下安耐德合伙人有限公司自有的利润识别模式。

答：安耐德合伙人有限公司采用的模型是用来刷新待选投资标的的，我们每周都运用这个模型，看是否有新的股票符合我们的标准并进入待选名单中。该模型的核心优势是相当地稳定，所以，每周名单里的股票不可能出现大幅变动。每周新筛选出的股票大概有5～10个，而这些股票将会按比例分配给团队里的不同成员。也许负责能源的同事会发现这周出现了两个新的名字，会对其做一些研究，并衡量这些新的股票是否比我们现在持有的股票更具上涨潜力。如果不是，我们将会继续保持现有的投资组合不变；如果是，我们会对新股票做更进一步的研究，去替代原有表现稍差的股票。这样的做法使我们的换手率保持在一个相对较低的水平，大概为 20%～25%，这也就意味着，我们每只股票的平均持有时间为 4～5 年，这就是我们的投资节奏。一开始做的工作越多，剩下的就越少，就是不断地修正和保持，这样可以节省很多精力。我越来越强烈地感觉到，身处投资行业中的人并不明白怎样才算考虑周全，怎样才算便于执行。有些人会认为，作为一个基金经理，如果没有实时调整投资组合，就是没有做任何工作，他应该在新信息出现的每一分钟里都有新的想法。但我不认为这是应有的理念。如果说别人信任我们而交予我们管理其财富，那么，我们就理应用超过他们所给予的财富收益来回报他们，其目的就是让投资收益越高越好。

问：**A 股按市盈率和市净率估值，在考虑企业估值时，用这两个指标是否合理？其他相关考量因素有哪些？**

答：问题的核心可能是，是否真的有一个正确合理的市盈率和市净率水平。但事实并非如此，有很多不同类型的变量必须加以考量，这正是我们工作的精华。简单来讲，市盈率关系到公司的成长性。人们会说这个公司在过去一年中增长了 25% 或 30%，明年仍将如此，所以愿意付出更高的市盈率去购买。但以我的经验来看，若回顾世界上最著名的公司，它确实有一个很高的市盈率，正是它的这一特质让我们对其印象深刻。但是，只有三十分之一的公司能保持人们对其所预测的增长速度，因为相对于公司的实际发展前景来讲，人们倾向于对其市盈率的预测过于激进。所以，我们自然会更偏爱可以准确把握其增长速度的公司，而非增长最快的公司。因为投资并非投资那些本身增长最快的公司，而是投资其股票价格上涨最多的公司，这其中有很大的差别。也许我们所倾向的投资标的的增长率相对较低，但在我们的分析评价中，其增长更为稳定且增长率更为确定，但市场的看法也许会有所不同。例如，有一个公司增长率为 7%，但不受媒体追捧，人们认为此公司的增长速度会下降至 2%，但相比一个去年增长 30% 且股价能体现其增长的公司而言，它的增长率可能会下降至 20%、10%，再到 5%，甚至降到 -20%。所以，前者将会有更为优异的市场表现，这是我所看到的在市场中时常发生的事。

我认为，像市净率这样的指标会因行业而异，它是这样一个指标：如果我研究这家公司，我要知道能从哪里收回我的本金，或者如何收回更多的资金。因此，对于实物资产较多的公司，这将是一个相当不错的指标。比如一个矿业公司的黄金量储备丰富，黄金在今后一段时间内可以保值，但此公司的股票的市场价格却并非如此。因此，在黄金价格平稳的情况下，市净率指标提供了一个很好的投资机会。但如果是一家服务型公司或知识型公司，公司的资产就是人才，作为公司资产的每个人每天离开公司后，公司会期望你明天还会来。在这种情况下使用市净率作为衡量指标就有风险。这种投资行为很特殊，而我的观点是，很多有着高增长率的公司比那些稳定增长的公司更容易让我们失望。

问：在选购股票前，您是如何评判风险的？您认为最重要的风险是什么，又是如何使用安耐德合伙人有限公司的模型控制风险的？

答：我先来回答第二个问题。我认为，选好股就是对风险最好的管理。人们总是着眼于风险工具、组合结构和其他可能存在的风险，但好的风险管理首要的措施就是投资好的公司。就像前面所讲的，如果你投资一家有高成长率的公司，你将会体验到大幅波动，因此，你的风险也将会远远大于你的想象。所以，我的理念中关于风险最重要的就是投资一个你熟悉的公司，而且要对结果有把握。关于安耐德合伙人有限公司的风险模型，我们的理念就是在做资金分配时，如何将面临的低于市场表现的可能性降到最低。

正如刚才所讲的，我们拥有自己的模拟组合，这个组合中有一些与基准相关的承载因素。当面对一个投资组合时，要考虑如何做到最小化亏损。对于假设的组合来说，它们有一些跟基准相关的因素，这意味着如果基准的市盈率是 15，那么组合的市盈率会比 15 高或者低并伴随一定的标准差。所以，投资者或多或少都会围绕着更高的市盈率。然后就要考虑规模、收益率以及其他因素来解释与基准之间的差异。同时，也要根据国家和行业风险的增加或者减少进行权重，并在买入前尽量考虑所有风险。举例而言，如果持有这一组合 10 000 年，组合的收益分布会是怎样的呢？蒙特卡洛可以模拟各种因素、划定曲线、确定我们的位置、对风险进行处理等。所有的风险模型都有正态曲线，因为都有标准差。但股票收益并不是呈正态分布，我们并不关心分布的具体形状。我们知道它会有肥尾，即有更大的机会；或者有更大的曲度，意味着在中部区域更加陡峭。因此，它们并不是大多数风险管理和风险组合所认为的正态分布。10 000 年是很长的时间，所以，花时间来研究组合风险很有意义。这就是我们的想法与做法。

MANAGING ASSETS IN A NEW AGE

11

多元精品与全球网络

资产管理的多元精品投资管理公司模式

芭芭拉·麦肯兹

信安环球投资有限公司高级执行董事兼首席运营官

信安环球投资的“多元精品投资管理”战略主要是指在大型资产管理公司框架下培育多个具有独特投资专长的小型投资管理公司的模式，通过分布在不同地域的精品投资公司和专业团队，使公司专业投资人员及其支持团队能更独立自主地集中时间、精力和专业投资能力为客户提供资产管理服务。本文介绍了“多元精品投资管理”战略的优点、符合多元精品投资战略的资管公司、各精品公司的主要投资方向、产品及重点，并进一步分析了中国的资产管理市场。

芭芭拉·麦肯兹

信安环球投资有限公司高级执行董事兼首席运营官

芭芭拉·麦肯兹（Barbara A. McKenzie） 信安金融集团的资产管理子公司信安环球投资有限公司高级执行董事兼首席运营官，负责三个投资管理公司：信安环球股票、信安资产优管和莫莉金融服务公司。此外，她还负责业务流程的开发和运营，协助公司在全球的发展，主要包括合规、运营和 IT 的监督。1984 年，麦肯兹以商业房地产代表的身份加入信安，历任区域管理人、高级区域管理人、商业房地产副助理董事、研究与组合管理主管，1999 年晋升为高级董事总经理，2004 年晋升为国际投资业务执行董事。

美国信安金融集团（Principal Financial Group，简称“信安”） 全球领先的投资管理企业，提供退休服务、保险解决方案和资产管理服务。通过其多元化的金融服务机构，信安为企业、个人和机构客户提供广泛的金融产品及服务，包括退休金管理、资产管理和保险。信安成立于 1879 年，作为《财富》500 强企业之一，管理资产达 4 955 亿美元，在亚洲、澳大利亚、拉丁美洲和美国均设有机构，为全球约 1 920 万客户服务。信安正在纽约证券交易所上市，股票代码为 PFG。

“多元精品投资管理”战略

信安环球投资的“多元精品投资管理”战略，主要是指在大型资产管理公司框架下培育多个具有独特投资专长的小型投资管理公司的模式，通过分布在不同地域的精品投资公司和专业团队，使公司专业投资人员及其支持团队能更独立自主地集中时间、精力和专业投资能力为客户提供资产管理服务。信安环球投资不干预各精品投资公司的投资决策。在允许不同地域精品投资公司和专业团队中投资人员独立自主进行投资的同时，信安环球投资为其配备作为全球大型资产管理机构的成员公司所能拥有的一切，包括信安环球投资在全球主要金融市场中的参与能力和销售平台、利用信安环球投资可实现的规模效应以及在业务流程中的各种最佳实践等。

“多元精品投资管理”模式的最终受益者是客户。实施“多元精品投资管理”战略使公司能够为客户提供广泛的投资解决方案，满足不同区域、不同市场的客户特定的资产管理需求。

“多元精品投资管理”全球网络的结构性优势

多元精品投资管理战略有几个结构性优势。首先，它允许多样化的投资方式，百花齐放的同时实现规模经济效应。其次，多元精品投资管理战略可以有效地满足不同客户的特定资产管理需求，因为这种模式能发挥共享人力资源的规模优势。一般来说，资产管理公司最大的费用支出在投资管理人员、交易人员及销售人员上，尤其是销售人员。这也是信安环球投资在全球建立销售队伍的缘由，但对小型资产管理公司来说，在构建此类人员队伍上支付太多既不实际，也不明智。所以，多元精品投资管理战略同样能受益于信安环球投资的全球销售团队。

再者，多元精品投资管理战略能带来后台、技术以及这些类型职能部门的资源共享。精品公司可以共享信安环球投资全球整合的技术平台，并在需要时得到技术方面的支持。当然，如果有需要的话，也可以建立自己的运营环境。

最后，是多元精品投资管理的数据共享。我们发现，越来越多的资产管理机构花费大量的资金在数据上，比如，指数数据和证券价格数据。如果能够充分利用信安环球投资和一些供应商在全球层面上建立的合作关系，这些精品投资公司也可以共享数据，并从规模优势中获益。

通过建立一个包含众多专业的多元精品投资管理公司的组织架构，信安环球投资能够更好地开发客户所要求的投资策略解决方案。因为一些客户的独特目标需要独特的投资方案来实现，因此才建立起能高效提供定制解决方案的投资业务模式。

“多元精品投资管理”全球网络的打造和管理

图 11—1 详细展示了组成信安环球投资的精品投资管理公司，它们代表了信安环球投资为不断扩展投资产品的范围而发展起来或收购的精品投资管理公司团队。在通过收购精品投资管理公司来扩展信安环球投资的能力时，首要任务即是要保持精品投资管理公司既有的商誉，而这也是机构资产管理客户最关心的问题。同时，收购也使得精品投资管理

公司投资运营的自主能力得到加强，并能保持精品投资管理公司现有客户的信心。为了进一步巩固世界一流资产管理公司的地位，信安环球投资一直在不停地拓展新的领域。通过在美国、欧洲、亚洲和澳大利亚的精品投资管理公司的运营，信安环球投资已经打造了一个真正意义上的全球性网络。

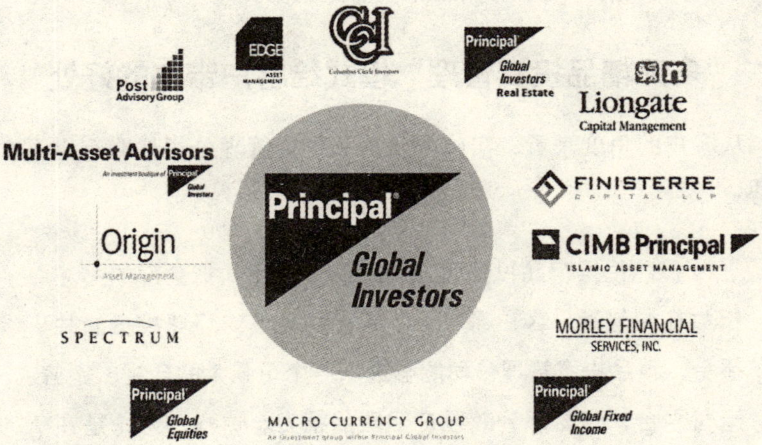

图11—1 多元精品投资管理公司全球网络

在拓展全球性的精品投资管理公司网络时，信安环球投资依靠的是内部发展的能力。但当内部能力无法实现全球化时，信安环球投资会在全世界范围内搜寻合适的收购目标以完成布局。信安环球投资在选择要收购的精品投资管理公司时主要考虑以下因素：

1. 是否符合信安环球投资全面发展的愿景；

2. 是否认同信安环球投资的企业文化和价值观；

3. 业务和投资能力是否能补充信安环球投资现在提供的主要资产类别。

被信安环球投资收购的精品投资管理公司带来了现成的专业投资团队，他们有着丰富的投资管理经验和极强的投资专长。被收购的精品投资管理公司的管理层通常会继续持有精品投资管理公司的股权，这就将他们的个人利益与公司利益捆绑在一起，并因此与客户的利益保持一致。对于未持有精品投资管理公司股权的管理层，信安环球投资则与其签订公司收入分享协议，以形成相互利益绑定机制。

“多元精品投资管理”模式给客户带来的好处

从客户的角度来看，实施多元精品投资管理公司战略有以下 5 点优势：

1. 能使得精品投资管理公司的投资团队把全部的关注点都放在如何满足客户需求上。通过利用信安环球投资的共享平台，精品投资管理公司能够进入一个更强大的合规、销售、运营平台，而无须分散投资团队的精力。这样，无论是在精品投资管理公司的投资组合里还是客户服务中，都能使得客户确信所有的关注点都会被放在维护其利益上。

2. 能够为客户提供更广泛、更专业、满足其特定需求的资产管理服务。同时，这一模式也保障了对客户服务的持续性，从而使专门的客户服务团队能够以最适合的方式去帮助客户。

3. 精品投资管理公司将会积极地进一步提升自身的盈利能力，同时与客户利益保持一致。我们相信，这些能够共同营造出一个为客户创造更多投资回报的公司氛围。

4. 信安环球投资要求在精品投资管理公司内发展强大的合规和风险控制系统，这将帮助我们确保客户的回报得到保护。

5. 由于精品投资管理公司能利用信安环球投资在全球的销售力量，所以，更多的潜在客户能够接触到我们的专业服务。

信安环球投资对多元精品投资管理公司的管理

信安环球投资对精品投资公司的管理目前采取以下形式：

1. 核心类的、可不要求实行集中管理的事项：

（1）投资管理专长；

（2）商业模式；

（3）投资管理声誉。

鼓励精品投资管理公司在其产品销售、市场推广和渠道分销业务等方面与信安环球投资形成合力。

2. 信安环球投资对精品投资管理公司有强制性要求的事项：

（1）合规；

（2）法律；

（3）运营；

（4）财务；

（5）法人治理结构。

精品投资管理公司在合规、法律方面可以有自己的员工，但信安环球投资在合规和法律方面有严格的要求。精品投资管理公司的首席运营官应向信安环球投资的首席运营官报告。如果精品投资管理公司所在地区的监管机构对其进行检查，则应由当地首席运营官与信安环球投资首席运营官进行协调。在运营方面，每个精品投资管理公司都可以有自己的运营模式，但须执行信安环球投资确定的标准。在财务方面，精品投资管理公司应与信安环球投资使用的会计标准和会计系统保持一致，并按要求在规定时间内报送会计信息。如果精品管理投资公司在年度计划中拟增加员工工资和发放奖金，则须得到信安环球投资的批准。在精品投资管理公司董事会中，既有来自信安环球投资的成员，也有精品投资管理公司的成员，董事会每年召开2~4次会议，对精品投资管理公司的有关事项进行决策。

3. 允许精品投资管理公司做选择性安排的事项：

（1）运营和IT；

（2）产品开发；

（3）产品销售管理。

对于中、后台服务，精品投资管理公司可以选择信安环球投资提供的服务，也可以自己开发或外包。在销售方面，精品投资管理公司可以使用信安环球投资的销售团队和销售渠道，也可以自己选择。信安环球投资设立的运营委员会负责监管各精品投资管理公司，确保其按照投资策略进行投资，并对中、后台运营为精品投资管理公司服务的情况进行管控。

目前，有三种对精品投资管理公司进行管理的模式：1. 完全融入母公司；2. 混合型的管理模式；3. 完全独立自主的运作模式。信安环球投资采用混合型的管理模式，使之适用于每家精品投资管理公司。信安环球投资混合型管理模式主要内容如下：

（1）确定资产管理中由精品投资管理公司承担的若干业务和职能，明确哪些资产管理业务和职能需要在信安环球投资内部进行整合；

（2）在投资管理运作中应由母公司与下属精品投资管理公司共享投资工具和最佳执行策略；

（3）对精品投资管理公司而言，如何确定由其或信安环球投资所承担的业务和职能，可能会因各精品投资管理公司的情况不同而存在差异；

（4）明确资产管理业务中由精品投资管理公司和信安环球投资适当共同承担的成本和风险。

Q&A

问：信安环球投资的销售策略每年是如何制定的？如何保证能满足客户的需求？

答：信安环球投资销售团队的主管、CEO 和我自己每年都会制定一个“重点清单”，一般是 8～10 个关键的投资产品，也是全球客户特别需要的。这一清单就是我们销售策略的基础。由于“重点清单”是基于客户的需求，因而能确保我们的投资产品持续地与客户所面临的投资挑战、不断发展的投资目标保持协调一致。

问：信安环球投资的销售团队是如何与精品投资管理公司共同合作以满足客户需求的？

答：我们的销售团队与精品投资管理公司模式完全紧密结合，能向所有的精品投资管理公司提供服务——尽管精品投资管理公司也可能聘请他们自己的专业销售人员。每个精品投资管理公司都有一位客户组合经理或产品专员与销售团队对接、提供服务。销售人员了解客户的需求，而产品专员具备对其精品投资管理公司投资能力的深入了解。因此，这就形成一种非常普遍的模式：产品专员作为投资专家和销售人员一起参加客户会议。

问：信安环球投资的多元精品投资管理模式是由不同成熟度的公司组成的。你们是如何在满足客户需求的同时帮助每个公司以最快速度成长的？

答：每个精品投资管理公司都有其自身独特的业务成熟度、成本结构和盈利能力。根据投资团队的成熟度，我们会给他们介绍不同的销售渠道和机会。以信安资产优管为例来说，这家公司一直以来都是在美国提供针对个人的资产管理业务。2013 年，我们帮助信安资产优管首次将业务范围扩展到了海外。我们相信信安资产优管的投资能力在国外也会受到认可，而且我们也一起实现了这一点。信安环球投资会持续地调控以促使精品投资管理公司的独特产品与全球客户不断变化的需求相协调。今时今日，“一招鲜”的业务模式不仅不够，而且也无法满足全球投资者日益多样化的需求。因此，我们专注于利用精品投资管理公司给客户提供定制的解决方案。

问：衍生品对信安环球投资的投资团队来说重要吗？使用衍生品能带来什么好处？

答：不同团队的情况会有所不同，需要根据他们的投资理念和流程区别看待。总体来说，信安环球投资的股票基金经理不太经常使用期货。例如，在市场条件不利于交易的情况下，他们可能会使用衍生品，这时，可能会需要做一些临时的对冲。还有一个例子是信安环球投资的固定收益团队，他们会使用衍生品（包括期货），其目的是多重的，通常是用衍生品来改变组合的久期。比如说，如果资产的期限过长，他们会利用期货卖空来满足客户的久期目标。还可能会利用衍生品捕捉交易型机会，做短线交易。例如，如果高收益市场被高估，而他们的组合中有较多现金债券，就会短暂地进入掉期合约对冲组合，从而系统性地降低风险暴露而又不会增加过多的交易成本。总体而言，固定收益基金经理使用衍生品的频率高于股票基金经理，因为股票市场的流动性更强。

问：能不能谈一谈信安环球投资与建设银行的合资公司——建信基金管理有限公司？

答：建信基金管理有限公司成立于 2005 年，发展得非常好。维持与建行的关系对信安环球投资来说非常重要。很多中国与西方公司合资的企业在发展上都不长久，但我们充分借鉴了与其他公司合资建立公司的经验，与建行组建了一个成功的合资企业。我们也认识到，能从中国和建设银行学习到很多东西，这也是为什么我们希望与建行的合作能继续发展并进一步强化。

信安环球投资在合资公司中主要负责 QDII 产品，而且在这方面我们有很好的投资能力来服务于散户投资者和机构投资者。举例来说，最近保险业相关规定的变化就给保险公司提供了进行海外投资的机会。我们也与美国投资团队在投资和流程方面进行合作，同时，在风险管理和财务部门也有合作，并与他们分享全球最高标准的业务范例。例如，如果他们在找托管行，那么，信安环球投资业已成型的遴选托管行的业务流程就极具价值。信安环球投资每年都会检查托管行的服务，与他们共享信息；还能与中国业务伙伴分享在国际市场面临的业务挑战，这可以帮助他们避免同类问题。信安环球投资在马来西亚发展业务时得到了许多经验教训，而这与中国业务可能会有很大的相关性，而且对建行在向外国股东提供服务时也会是有益的。

问：您怎么看待中国的资本市场和资产管理行业？

答：中国的资产管理行业发展得非常好。信安集团在很多新兴市场都有运营业务的经验，包括墨西哥、智利、巴西、印度、中国和马来西亚。尽管每个市场的发展道路会因地制宜，但大方向通常是一样的，在新兴市场亦是如此。举例来说，教育国内投资者，使他们对海外投资有信心是需要花时间的，但总有一天国内投资者能从容以对。信安环球投资也认识到适当的法律体系的发展非常重要。我们期望当中国市场变得更加成熟时，会看到相关法律法规的变化。我们也坚信这些变化对中国资本市场和资产管理行业的长期发展是非常有帮助的。

问：信安环球投资是如何评估全球各地员工的工作表现并据此提供薪酬的？

答：信安环球投资评估全球各个网点团队的表现和业绩的手段大致相同，目标就是为所有业务领域吸引最佳人才，无论是投资专家、销售人才，还是后台人员。信安环球投资被评选为资产管理行业最佳工作场所之一，因此，这也帮助我们吸引到更多人才来发展业务及更有效率地为客户服务。至于如何提供薪酬，不同市场下的薪酬体系会有所不同。作为一家全球性的资产管理机构，如果想要吸引到最优秀的人才，就需要理解每一个市场的薪酬标准并与之相适应。

附：信安环球投资的多元精品投资管理公司简要介绍

下面的表格列举了信安环球投资现有的精品投资管理公司的投资能力。在列举的精品投资管理公司中，分别有 3 个团队管理全球股票，3 个团队管理美国股票，4 个团队管理区域性股票，多个团队管理固定收益产品，还有 2 个团队提供资产配置服务。给市场带来多种投资能力可以确保管理风格的丰富性，以满足客户的不同需求。

精品投资管理公司	全球股票	美国股票	地区股票	固定收益	房地产	资产配置	另类资源
哥伦布转盘投资公司（Columbus Circles Investors）		√					
联昌伊斯兰基金管理公司（CIMB Principal Islamic Asset Management）	√		√	√			
信安资产优管（Edge Asset Management）		√		√		√	
菲尼斯特资本（Finisterre Capital)			√	√			

续前表

精品投资管理公司	全球股票	美国股票	地区股票	固定收益	房地产	资产配置	另类资源
宏观货币集团（Marco Currency Group）							√
莫莉金融服务公司（Morley Financial Services, Inc.）				√			
混合资本咨询事务所（Multi-Asset Advisors）						√	
起源资产管理（Origin Asset Management）	√		√				
邮政咨询集团（Post Advisory Group）				√			
信安环球股票（Principal Global Equities）	√	√	√				
信安环球固定收益（Principal Global Fixed Income）				√			
信安环球房地产投资（Principal Global Investors, Real Estate）					√		
光谱资本管理（Spectrum Asset Management）				√			
狮门资本管理（Liongate Capital Management）							√

MANAGING ASSETS IN A NEW AGE

12

金融化之路尚待监管，多元化趋势方兴未艾

中国艺术品投资报告

阿德里亚诺·托尔切罗
德勤会计师事务所卢森堡艺术品金融部门主管

中国艺术品投资市场在经历了 2011 年的井喷、2012 年的深度回调后，在 2013 年逐渐回暖。中国有句古话“乱世黄金，盛世收藏”，揭示了宏观经济走势对艺术品投资的直接影响。相较于过去两年，2014 年全球经济总体向好，欧美经济走过了“最差”的时期，中国经济也正向着重质保量的目标稳步发展。因此，艺术品也为越来越多的投资者所关注，金融工具介入艺术品投资与交易是必然趋势。同时，相关监管层也因此面临着一系列挑战。

阿德里亚诺·托尔切罗

德勤会计师事务所卢森堡艺术品金融部门主管

阿德里亚诺·托尔切罗（Adriano Picinati di Torcello） 德勤会计师事务所卢森堡艺术品金融部门主管。在 2008 年加入德勤后，致力于艺术品金融市场的研究与发展；他同卢森堡政府密切合作，以推动当地艺术品的自由流通与存储；他发起德勤国际艺术品金融大会，并成为业内的标杆；他还与学术界的艺术品专家们保持广泛的联系与合作，并在全球各地举办研讨会。6 年间，他在艺术品金融市场积累了大量经验。加入德勤之前，他曾任职于德意志证券交易股份公司（Deutsche Börse Group）。

德勤卢森堡（Deloitte Luxembourg） 卢森堡规模最大、竞争力最强和历史最悠久的专业服务企业之一，拥有超过 1 500 名员工，其跨领域的团队致力于不同行业的客户运营服务，为客户提供高质量的审计、会计、税务、金融咨询与顾问服务。

艺术品投资是继金融证券、房地产之后的又一新兴投资领域。苏富比拍卖行的报告显示，2013 年全球艺术品市场销售额达到创纪录的 640 亿美元，较 2012 年增长 80%。作为全球最大的两家拍卖行——苏富比和佳士得在 2013 年的艺术品拍卖额合计达到 110 亿美元，较 2012 年增长 86%，远远高出过去 10 年 6% 的年平均增长率。同时，随着更多百万富翁和亿万富翁的出现，艺术品市场将继续增长。

根据《中国艺术品市场白皮书》的数据分析，2013 年，中国艺术品市场交易的总规模已经达到 3 800 亿元。中国艺术品拍卖市场的总成交额，包括私下洽购已突破 700 亿元。中国已然成为全球最重要的艺术品交易与投资的新兴市场。另外，相关数据也显示，未来几年中国市场将成为推动全球艺术品销售额增长的主要力量。

艺术品投资概览

艺术品投资的特点和风险

艺术品是一种特殊的商品。首先，表现在其价值量无法准确衡量。其次，艺术品具有可替代性差和稀缺性的特点。再次，艺术品的购买既可以说是一种消费行为，更可被视为一种保值率和增值率极佳的投资行为。由于劳动主体在创造作品时所花费的必要劳动时间无法量化且作品不可重复创造，这些特质决定了艺术品的产生是对个人、群体，甚至前人等学识能力的综合反映，从而导致了艺术品价格无法完全体现价值的矛盾特性。

艺术品作为精神产品，还具有极强的欣赏功能。因此，投资者不仅可以通过艺术品投资获利，还可以通过艺术品收藏来丰富生活、陶冶精神世界。尤其是近年来，随着居室装修热的不断升温，能带来高品位艺术享受的字画等艺术品更是备受青睐。

艺术品是唯一一种可以以“零散资金”投资而获得“规模性”回报的投资。虽然艺术品投资的收益周期较长，但由于艺术品的稀缺性和不可再生性，其投资回报率远远超过其他类型投资的平均水平。根据苏富比拍卖行艺术市场综合指数（指数构成包括巨匠油画、现代油画、欧洲瓷器、中国瓷器及欧美古董家具等），以 1975 年为基数 100 来计算，截至 1988 年的 13 年中，该指数已跃为 740，相当于每年以 21% 的涨幅上扬，其投资收益率远远高于债券、股票、房地产等投资形式。

当然，投资艺术品并不意味着毫无风险。对艺术品投资者而言，风险主要存在于对艺术品的鉴别能力与变现能力。同时，由于艺术品的估值标准与配套的法律法规还不够完善，目前，艺术品作为一种可替代性投资，很多机构对此仍表现得相当谨慎。

艺术品投资金融化的意义

从全球艺术品投资市场的发展趋势来看，艺术品投资已经逐渐从最初对收藏艺术品的兴趣爱好发展成为新兴的投资工具和产品。而相关市场、工具和交易的发展和规范，都离不开金融资本的介入和相应金融工具的创新和应用。目前，中国已陆续出现银行、证券公司、投资公司与艺术机构联姻设立的艺术品基金公司，开展艺术品投资业务。金融化是中国艺术品投资市场的大势所趋，也将对整体市场的发展产生深远的影响。

金融化能够推动艺术品投资市场的繁荣发展，金融资本介入到艺术品投资和收藏领域已经成为发达国家艺术品市场发展的主要动力。西方国家在20世纪中期开始出现金融资本与艺术品收藏、艺术品投资的融合，艺术品投资金融化以集合信托、基金、证券等形式，使投资者范围从单个高净值富裕人群扩大到普通投资者，使得资金来源更加广泛。同时，艺术品可以在银行进行担保、抵押和变现，获取资金，用于进一步投资，使艺术品市场发展获取源源不断的资金，从而更进一步促进艺术品市场的蓬勃发展。这些经验，对于尚处于发展初级阶段的中国艺术品市场具有非常重要的借鉴意义。

艺术品投资金融化能够促进相应产业链的发展和完善。艺术品投资的财富效应吸引了越来越多的海外金融机构、国内画廊、银行、中介等投资机构的介入，大大有利于改善艺术品市场的投资主体结构，加速了机构化进程，使机构博弈成为市场投资的主流，也有助于艺术品市场的规范化。同时，随着金融市场的监管和规范，相关产业如交易所、拍卖商、鉴定和评估机构、经纪人、艺术评论和媒体等通过约束各利益方的行为，均会促进艺术品产业的健康发展。

艺术品投资金融化的进程

艺术品投资金融化的发展是一个系统化过程，即艺术品投资从实体商品买卖逐渐过渡到对艺术品相关金融产品的投资，从个体行为发展为投资者集合行为。随着中国艺术品市场的发展与壮大及中国资本市场的迅速发展，中国艺术品市场金融化已进入快速发展的轨道。具体来看，

图 12—1 简单归纳了艺术品投资的金融化进程。

	标志事件
基金 ⇨	标志事件：2005年，西安的“蓝马克”艺术基金以50万美元收购《十八罗汉》组画。2008年香港苏富比春拍中，该画以6 193万港元成交。
理财投资产品 ⇨	标志事件：2007年，民生银行推出理财“艺术品投资计划”1号产品。该产品为非保本浮动收益型，投资期限为2年，预期年收益率为0%~18%。
按揭 ⇨	标志事件：2009年，中非金融担保公司推出当代书画金融按揭服务。预付50%，还贷期限为一年，按中国人民银行当日利率计算。
私人银行品鉴 ⇨	标志事件：2009年，招商银行正式启动“私人银行艺术赏鉴计划”，其中包括一项新的艺术品赏鉴服务。
信托 ⇨	标志事件：2009年，“国投信托·盛世宝藏1号保利艺术品投资集合资金信托计划”成功设立。计划募集资金规模4 650万元，期限为18个月。
产权交易所 ⇨	标志事件：2009年，中国首家艺术品产权交易所——北京华彬艺术品产权交易所正式揭牌成立。正式运营后，将在艺术品实体交易的基础上最终实现产权交易。

图12—1 艺术品金融化进程

艺术品金融化的主要方式和投资渠道

与传统私人收藏家的独立投资不同，近年来，艺术品投资正借助金融化的方式向集资投资转变。对于普通投资者来说，艺术品集资投资管理团队具有丰富的专业经验，既能降低自身投资风险，又能通过艺术品的迅速增值获得较高收益。目前，艺术品金融化的主要方式和投资渠道包括艺术品基金、艺术品银行和艺术品证券交易。

艺术品基金

艺术品基金是指根据风险共担和收益共享的基本原则，将投资者的分散资金集中起来，由基金托管人托管、基金管理人运作，以艺术品投资的方式进行独立投资与核算，以获得投资收益的艺术品金融服务。简单来看，艺术品基金的运作模式可以分为艺术品组合投资模式、艺术家信托投资模式和艺术品对冲投资模式。

（1）艺术品组合投资模式

组合投资型艺术品基金通常以 5～10 年为投资周期，在基金存续期内按照相对固定的资金比例投资特定领域的艺术品。此类基金通常有 2～3 年锁定期，锁定期过后，投资者可以在市场上自由买卖基金份额。

英国美术管理服务有限公司的美术基金 I 是组合投资型艺术品基金的典型，其按照 30%～35%、15%～20%、35%～50% 和 15%～20% 的资金比重，分别投资于古典艺术、现代艺术、当代艺术和印象派艺术这 4 个特定领域。另一类组合投资型艺术品基金将大部分资金投资于艺术品，另外留出 20%～30% 的资金用于提升这些艺术品的知名度，从而直接或间接地抬高这些艺术品的市场价格。

（2）艺术家信托投资模式

艺术家信托投资基金是直接针对某些艺术家的艺术作品进行投资的基金。其特征是基金参与者为艺术家，艺术家以画作代替货币出资，进行中长期的信托投资。

此类基金通过其设立的艺术家遴选委员会精心挑选一批艺术家，成立信托基金。在基金存续期限内，参与基金的艺术家需按照协议定期向基金提供自己的作品，并将这些作品的经营权委托给信托基金，由基金视艺术品市场的具体情况代为销售，以实现收益最大化的投资目标。艺术家信托投资基金的优势在于，每一位参与的艺术家都可以从基金账户中分享卖出画作的均等投资收益，通过组合投资的方式整合资源，规避了自己作品的市场风险。

（3）艺术品对冲投资模式

艺术品对冲投资基金是在普通投资基金的基础上，加入对冲方式以规避艺术品投资风险的基金。除了将一定比例的资金用于投资艺术品外，基金还从证券市场上选择与艺术品市场密切相关的证券，如奢侈品公司或艺术品拍卖公司的股票等，买下这些股票的看跌期权，从而使艺术品跌价的风险得到对冲。

此类基金的后续发展包括开发一系列类似于股票指数的艺术品指数，以分别反应艺术品市场上不同板块的走势情况，使投资者得以在此基础上进行对冲交易，规避投资风险。

艺术品银行

传统的艺术品银行是指以艺术品为存贷物的银行，以用贷款人所有的艺术品为抵押物发放贷款作为主要业务。目前，艺术品银行的经营业务已远远超过存贷范畴，运营方式包括银信合作发行艺术品投资类理财产品、进行艺术品按揭和抵押贷款、为客户提供艺术品投资方面的私人银行服务等。中国艺术品银行的典型案例包括：

（1）民生银行——艺术品投资理财产品

民生银行于 2007 年 6 月推出“艺术品投资计划 1 号产品”，成为首家正式开发艺术品理财产品的银行。该理财产品以 50 万元人民币起售，投资金额以 10 万元人民币的整数倍递增，投资期限为 2 年。至 2009 年投资期结束时，该理财产品年收益率达到 12.75%。

2009年年末，民生银行私人银行部门再次推出“艺术品投资计划2号产品”，优先级产品向私人银行客户销售，劣后级产品由其艺术品投资顾问公司进行认购，提高了对理财产品的风险控制程度。同时，该产品募集的资金按比例投资于近现代书画、当代艺术品和古代书画，属于典型的组合投资型艺术品理财产品。

（2）建设银行——艺术品投资集合资金信托计划

2009年6月，中国建设银行北京市分行与国投信托、保利文化艺术公司共同发行了国内首款艺术品投资集合资金信托计划，共募资4 650万元，投资期限为1年半。

此项信托计划由艺术顾问选定一批藏家的当代画作作为投资标的，在产品期限满一年时，由藏家根据约定对艺术品进行回购并向投资者支付定价7%的费用作为产品投资收益；若藏家不选择回购，则对作品进行拍卖处置。

（3）工商银行——艺术品按揭贷款

2012年1月，中国工商银行上海市分行推出了国内首项艺术品按揭贷款业务，贷款发放额度为50万~2 000万元不等，贷款时间为半年至5年，利率介于国家基准利率7折至3倍之间。

艺术品藏家在暂时缺乏足够资金进行投资时，可申请此项贷款，由工商银行聘请的艺术顾问对藏家所要购买的艺术品进行鉴定，按照估值价格对藏家给予最高40%的融资。由于该贷款额度及期限较为灵活，一般只需30天时间即可较快获得审批以及买家无需提供其他形式的平行资产作为抵押等原因，受到了藏家的欢迎。

（4）潍坊银行——艺术品质押贷款和艺术品仓储库

2009年，潍坊银行推出了单一书画艺术品质押融资业务，并于2014年1月成为国内首家艺术品仓储库银行。

艺术品质押融资业务可使艺术品投资者得到资金支持，但需要投资者以现有艺术品作为质押。由于艺术品的价值普遍十分贵重，仓储就成为艺术品质押服务中的一个重要环节。为解决原来与潍坊市立博物馆合作开展仓储业务时，因博物馆有开放时间限制导致的质押流程不便，潍坊银行按照银行金库和博物馆库房的专业标准，自主设计建造了面积为150余平方米的仓储库，以进行恒温恒湿的艺术品保管，为其艺术品综合金融服务提供了基础性支持。

艺术品证券交易

艺术品是投资市场上一个重要投资品种，而艺术品与证券化的接轨在中国却是刚刚兴起。目前，中国艺术品交易有两种模式，一种是以天津、深圳为代表的类证券化交易模式，另一种是以上海为代表的产权交易模式。前者把一个艺术品“分割”为等量大小的多个份额，投资者可以购买其中一定数量的份额；后者则主要是针对完整的艺术品进行产权交易。

简单来看，文化交易所利用证券交易的模式，对艺术品所有权、收益权及项目未来的现金流等资产的权益进行拆分。从这个角度来看，“权益拆分”是此类交易的基础；这大大降低了想参与艺术品投资但无力购买整件艺术品的投资者的投资门槛。艺术品证券交易的主要形式包括股票型艺术品证券模式和期货型艺术品证券模式。

（1）股票型艺术品证券模式

目前，艺术品证券化的尝试基本都是向股票交易模式靠拢，国内几家文交所的证券化案例也印证了这一事实。在天津文交所，投资者可以像买卖A股股票一样买卖艺术品份额。这种艺术品交易方式与股票交易方式几乎相同，都有开户、首发申购、集合竞价、每次买卖至少一手等相似步骤；当然也在涨跌幅限制、资金托管第三方、退市机制等方面有不同的规则。

艺术品证券与股票的本质区别在于，证券化的标的物不同，艺术品证券的标的物是实物资产，艺术品本身并不能产生持续的现金流，艺术品的真实价格只能通过实物交易的方式来体现。没有实物交易支撑的股票型艺术品证券只能通过交易差价，即资本利得的方式来获取收益。艺术品证券应该立足于艺术品是实物资产的事实，根据自身特点从实物资产类的证券化模式上寻找突破口。

（2）期货型艺术品证券模式

期货型的艺术品证券借助期货的价值发现功能，构建一个与艺术品拍卖现货市场并行的艺术品证券期货市场来对冲艺术品市场的投资风险，其基本原理为：在艺术品证券发行之初约定未来的拍卖时间，以证券发行日至拍卖日（实物交割日）为合约时间，以拍卖日的前一个交易日为最后交易日。无论对买家还是卖家而言，都可以利用艺术品期货市场获得对冲，从而以更加“真实”的价格买卖艺术品。对艺术品市场而言，可以以艺术品期货市场的价格为参考，令艺术品现货市场的拍卖价格更加真实。此外，在合约时间内投资者还可以根据期货价格的波动进行套利以获取资本利得。从经济学的角度来看，这种附带收益导致的投机活动有利于真实价格的回归。

艺术品金融的相关监管

艺术品金融化在中国还属于新兴事物，因此，相应的监管更是呈现整体缺失的局面。国外的监管经验作为他山之石，希望能对中国艺术品金融市场的监管起到一定的借鉴作用。

中国艺术品金融市场监管条例与措施

由于中国艺术品金融市场还处于初级发展阶段，很多业务模式及金融工具的创新和使用都处于摸索阶段。因此，除了针对艺术品交易的一些规定，针对艺术品金融的监管体系和具体条例仍没有建立起来。

（1）拍卖

拍卖是艺术品交易的一种重要形式。近些年，《中华人民共和国拍卖法》、《文物拍卖试点管理办法》、《文物拍卖管理暂行办法》、《中华人民共和国文物保护法》及《实施条例》等法律法规陆续颁布。这些条例对进入拍卖市场的艺术品类别、拍卖场所的资格认证、拍卖流程等方面进行了相应规定，将有利于健全拍卖行业的职业道德和信誉机制，协调一级与二级市场发展的行业规则，并建立现代艺术品经纪人制度。

（2）产权交易所

产权交易所在艺术品交易和投资活动中扮演着日益重要的角色，目前我国缺乏统一的标准及行为规范。因此，国务院于 2011 年 11 月 24 日发布了《国务院关于清理整顿各类交易场所切实防范金融风险的决定》（简称 38 号文）。该文件对交易所的资质进行了明确规定，对各种类证券化业务进行了严格限制，文件要求：“所有交易所必须经过省级以上人民政府的批准方可成立；交易所不得将任何权益拆分为均等份额公开发行，不得采取集中竞价、做市商等集中交易方式进行交易；不得将权益按照标准化交易单位持续挂牌交易，任何投资者买入后卖出或卖出后买入同一交易品种的时间间隔不得少于 5 个交易日；除法律、行政法规另有规定外，权益持有人累计不得超过 200 人。”随后，中宣发［2011］49 号、文市发［2011］55 号、国函［2012］3 号、国办发［2012］37 号文等一系列文件都对国发［2011］38 号文件精神给予了呼应。在国办发［2012］37 号文件《国务院办公厅关于清理整顿各类交易场所的实施意见》中，还明确要求商业银行、证券公司、期货公司、保险公司、信托投资公司等金融机构不得为违反规定的交易场所提供承销、开户、托管、资产划转等业务。

国外艺术品金融市场的监管经验

（1）严格执行《拍卖法》中规定的瑕疵担保免责条款

瑕疵担保责任是民法买卖合同中的卖方依法应当承担的责任之一，拍卖作为一种特殊形式的买卖合同，拍卖人本来也应该承担瑕疵担保的责任。在美国，各州的法律都规定赝品拍卖不能免责。美国拍卖行业协会更规定，任何一家拍卖行只要涉嫌一次故意拍卖虚假古董的行为，就会被强行逐出此行业。在英国，对拍卖的规制主要依靠行业协会的作用，英国古董经纪人协会的行业规范规定，该协会成员必须保证所拍卖物品为真品，如果是赝品，则必须承担退货的责任；如果涉嫌故意（造假）行为，协会将取缔其会员资格。

苏富比和佳士得均在其业务规则中对赝品拍卖做出了退货保证，如《香港苏富比拍卖规则》第 3 条规定：“本公司就赝品向阁下提供之保证：如本公司出售之物品其后证实为赝品，该项交易将会作废，本公司并会以原来出售之时之货币退还阁下就该物品付予本公司之任何款项。然而，阁下须于出售日期后不迟于五年内。”

综上可见，无论是国外的立法，还是知名拍卖公司的业务规则，在赝品拍卖问题上都明确排除了瑕疵担保的免责，而是规定必须为赝品的拍卖承担相应的责任。

（2）构建完整的产权保护执法体系

首先，明确艺术品保护范畴。英国 1956 年的《版权法》第 3 条第 1 款对“艺术品”作了详细的解释：“艺术品包括三项内容：（1）绘画、雕刻、雕塑、照片；（2）建筑艺术品及建筑模型；（3）上述两项所有包括进去的工艺美术品。”

其次，基于产权保护构建完整的司法保护体系。以美国为例，版权、注册商标、专利、植物品种、集成电路布图设计等侵权案件的初审管辖法院为美国联邦地区法院。美国知识产权纠纷案件一般是在州法院审理，州法院判决后，原被告双方如有不服可向联邦巡回法院上诉，联邦巡回法院的判决为终审判决。知识产权案件中的专利纠纷一般在联邦巡回法院审理，上诉则在联邦高级法院上诉法庭审理。联邦巡回法院的建立，减少了审理前的司法管辖权冲突，使专利制度更加稳定。

（3）第三方机构评估，多元化结构监管

海外信托基金多采用多元化结构，从而令信托产品更加安全，多个非利益相关方可以有效形成制约。国外的尽职调查一般也会聘用第三方机构进行。海外机构较少出现资金挪用现象，这与其监管模式密切相关。由于法律体系更趋完善，并且引入了多元化结构相互制约，海外的信托、基金监管模式值得中国借鉴。

海外的信托范畴较为广泛，部分私募基金是基于一定的信托契约关系建立起来的代理投资，此类基金可被称为信托式私募基金。对于信托资产的安全，是通过引入第三方制衡的方式加以管控。海外信托基金多采用多元化结构来保证信托产品更加安全，因为多个非利益相关方之间可以形成有效制约。

此外，国外的信托计划需要引入行政管理人和第三方审计机构，但中国并未对此做出强制要求。虽然银行也会定期向信托公司报告信托资金使用情况和对账单，但无需第三方审计。

中国艺术品金融市场监管的发展

（1）建立艺术金融服务体系

当前，艺术品金融化使艺术品市场得到了放大。此时，艺术品市场的发展面临重大历史性机遇，因此要进一步建立完善的、与艺术品市场发展相适应的艺术金融服务体系。艺术金融服务体系要能充分反映艺术品金融化的特殊性，要有利于国家对艺术品市场的保护、支持和发展。

（2）完善艺术品流通体系

在艺术品金融化趋势下，艺术品资本化如担保、抵押和变现仍缺乏渠道，拍卖市场几乎成为整个艺术品收藏市场的资金吸盘。但是，拍卖市场不应是艺术品流通的唯一途径。因此，应建立艺术品流通体系，国家金融部门应制定相关政策，促使艺术品资本化过程中出现的担保、抵押和变现得以实现；博物馆、画廊、拍卖公司、评论家、艺术家应分工明确，形成良性流通链条。还可建立全国统一的艺术品登记公司及艺术监管机构，合监管部门与机构投资者之力来维护艺术品市场的秩序，为艺术品成为流通的金融产品做准备。

（3）建立风险监管体系

西方银行眼花缭乱的理财产品和极为丰富的理财经验蚕食着投资者的富裕资金，同时，中国国内银行的介入也势必会挤占画廊与拍卖行的生存空间。事实上，如果没有很好的体系保证艺术品金融化，诸如拍卖不保真、交易不透明、信息不对称等风险也就很难排除。因此，风险监管体系不可或缺。

（4）完善配套政策体系

政策体系的配套完善主要包括相关的文化发展战略；通过专家、高科技手段等技术体系来保证艺术品鉴定的准确性和科学性；制定艺术品价值评估体系，使各种艺术品有一定的价格判定标准，出台有关艺术品投资的法律法规，建立政策法规体系；建立以宏观调控和行政许可为前提的市场准入机制及规避风险、净化市场的退出机制；建立便利高效的管理体系，规范管理，减少人为操纵和内部交易，形成按市场规律引导的、规范艺术品市场交易行为的、有自己商业模式和系列政策配套的、辅之以高科技手段、金融衍生工具运用为一体的以及适合大众参与的新型艺术品投资市场。

中国艺术品金融业的发展趋势、机遇与挑战

中国艺术品投资市场在经历了2011年的井喷、2012年的深度回调后，在2013年逐渐回暖。中国有句古话“乱世黄金，盛世收藏”，揭示了宏观经济走势对艺术品投资的直接影响。相较于过去两年，2014年全球经济总体向好，欧美经济走过了“最差”的时期，中国经济也向着重质保量的目标稳步发展。2014年4月上旬刚刚结束的香港春拍再现

火爆局面，香港苏富比和保利香港都取得开门红，总成交额分别达27.2亿元和9亿元，与去年同期相比均有大幅增长。香港春拍通常被看作为内地春拍的“风向标”，由此我们可以明显看出市场信心的回归。加之房地产调控、投资价值的锐减以及股市走向的不确定性，艺术品正被越来越多的投资者关注，金融工具介入艺术品投资与交易是必然趋势。

中国艺术品投资市场发展趋势

（1）投资热点继续聚焦书画板块，同时呈现多元化趋势

根据《2014 TEFAF艺术品市场报告》，2013年，中国书画持续受追捧，占据艺术品拍卖成交额的56%。从2014年香港春拍的情况来看，经典艺术家的典范之作，即市场流通比较好的一些艺术品，其价格上升空间得到了充分释放；而一些市场流通性较差的艺术品，整体价格的提升则比较缓慢。古代字画的表现仍比较抢眼，崔如琢的《丹枫白雪手卷》以1.46亿元天价成交。近现代艺术品冷热不均，特别是一些价值发现过度的名家作品都没有拍出预期价格，这是投资者避险情绪在信心回归过程中的表现，这一趋势在未来会进一步延续。

除了书画板块，投资热点也呈现出了多元化，投资者将目光也投向陶瓷、杂项、古籍善本等。中国大陆著名收藏家刘益谦在2014年春拍豪掷2.2亿元拍得“成化斗彩鸡缸杯”，从中也看出藏家群体兴趣的多元化发展。

（2）运营模式从机构收藏向建立私人美术馆转型

自2012年起，中国政府一直积极鼓励企业家投资中国的文化产业，并在场地和资金方面给予各种优惠。据估计，2013年中国的机构性收

藏价值已达 2 770 亿元。除了数字上的增长，过去的两年里，企业收藏的重点也发生了改变：从艺术品投资转向了市场推广，在单纯的艺术品收藏的基础上兼顾对个人和企业品牌的推广。

个人收藏家和企业收藏都开始为自己的收藏建造博物馆、私立美术馆。据估计，中国已经有超过 1 000 家私立美术馆。比较知名的有北京的今日美术馆、刘益谦夫妇在上海创办的龙美术馆等。

（3）艺术品资产化进程加快

有数据统计，中国艺术品收藏爱好者和投资者已达 7 000 万人，并且还在以每年 10%～20% 的速度递增，这些庞大资金的拥有者也成为诸多金融机构和私募艺术基金的目标客户。对照西方艺术品基金的发展经历，可以说中国艺术品投资市场已经开始走上了类似于西方 20 世纪 90 年代的成长之路。在发展的过程中，资产化进程可能会在 2014 年得到进一步深化。最突出的表现就是，机构、企业等资本大规模进入中国艺术品市场。据统计，2013 年有 400 亿～500 亿元来自机构或企业的资金已经进入中国艺术品市场。

（4）艺术品市场国际化程度提升

中国收藏家正在逐年加大其在国际市场上的参与度。根据苏富比 2010 年以来的统计显示，中国买家竞拍国外艺术品的次数增加了 54%，已经有 530 位来自中国内地的收藏家花费共计 23.26 亿元购买西方艺术品。在佳士得登记参与伦敦和香港拍卖会的中国内地收藏家数量翻了一倍。尽管今天的中国收藏家以缓慢而谨慎的态度进入西方艺术品市场，但很明显的一点是，他们对于国外艺术品的兴趣越来越浓。

除了中国艺术品与中国藏家走出去，国际艺术品也正以前所未有的速度走进来，包括佳士得和苏富比在内的国际著名拍卖机构都在中国设立了分支机构。同时，一些大的信息服务机构，比如欧洲艺术基金会（The European Fine Art Foundation）等纷纷在中国建立自己的机构或与本土机构合作，推出相应的研究报告，试图影响中国艺术品市场。随着中国艺术品机构与国际化平台互动与融合的加深，中国艺术品市场将不断走向规范化和秩序化。

（5）在线艺术品交易将快速发展

与中国艺术品市场总体规模的增长相比较，中国艺术品市场传统的交易方式在总成交额中的所占比重正在下降，尤其在中国画廊业的表现最为明显。新的资产配置平台、电商交易平台和交易方式的崛起，正在改变着中国艺术品市场的规模结构和业态结构。

2013 年，德勤卢森堡分所与欧洲知名艺术品服务机构 ArtTactic 联合发起的调查显示，96% 的艺术投资专业人士和 83% 的藏家认为在线艺术品交易平台的价值在于提供信息、数据和调研；超过半数的专业人士和藏家认为在线交易提高了估值和交易的透明度，满足了客户的投资需求，并降低了交易成本。

在线艺术品交易在中国同样获得快速发展。中拍协网络拍卖平台的数据显示，2013 年通过平台组织的网络拍卖会（含网络与现场同步拍卖会）达 3 097 场，成交额 92.79 亿元，参与企业超过 1 000 家，较 2012 年的 12 亿元和百余家的参与规模均呈现爆发式增长态势。

中国艺术品投资市场的挑战

中国艺术品投资在快速发展的同时，也面临着多方面的挑战。艺术品投资在中国还是新生事物，中国市场也缺乏专业鉴定机构、估值机构和培训机构。同时，法律环境和监管体系也不够完善。

（1）艺术品估值缺乏专业机构和专业工具

多数中国艺术交易标的缺乏过往交易记录，或因交易记录过短而无法成为估值依据。从拍卖市场来看，古董和古代字画是投资热点，动辄就会拍出过亿元天价。但对于更广泛的古董、杂件和字画市场而言，赝品充斥、庄家风行，这些都增加了艺术品评估的难度，尤其在银行希望发展艺术品质押贷款业务时就更具挑战。

（2）艺术品基金业绩缺乏透明度

事实上，艺术品基金的运作缺乏透明度在西方国家也常常被人诟病。德勤卢森堡分所与 ArtTactic 联合发起的艺术品投资调查也表明，艺术品基金的业绩评估在成熟市场上也远不如股票基金、债券基金或其他股权投资基金的业绩评估那么规范。

艺术品投资工具在中国的盛行引发了人们的担忧，因为其在艺术市场所占据的比例甚至比市场相对成熟和完善的欧美国家还高。一旦发生赎回，大量的艺术品将被强制出售。大多数艺术品基金都在两年左右到期，这就意味着这些艺术基金必须在两年的时间内以理想的价格出售这些艺术品，以兑现对投资者的承诺，这对于艺术基金管理人来说压力巨大。

（3）艺术品投资监管不足

自艺术市场兴起以后，一系列机构开始提供与艺术相关的投资产品。目前来看，许多中国的艺术投资产品都由监管相对较弱的信托公司操作，此类公司属中国特有，是私募股权、资产管理和银行业相结合的产物。

迄今为止，中国银行监督管理委员会还没有花费太多精力关注与艺术品相关的信托产品。随着金融创新的发展，未来将有更多的艺术品投资方式出现，而艺术品交易种类、标准以及配套规则不健全等缺陷将制约着整个行业的健康发展。

（4）艺术品投资“跟风”，投资者缺乏相关培训

尽管中国艺术品投资呈现多元化的趋势，但从当前情况来看，仍旧集中在中国书画，而在10年前则出现过过热追捧当代艺术、波普艺术的风潮。中国投资者乐于跟风的现象同样出现在艺术品投资领域。从投资群体来看，除了手握巨额资金的超富人群、企业和机构外，城市中产阶级也开始涉猎艺术品投资。中国尚未形成专业的艺术品投资培训和教育体系，关于艺术投资的信息服务也刚刚起步，这将进一步提高投资者所要承受的风险。

MANAGING ASSETS IN A NEW AGE

13

培育 ETF 生态系统

ETF 在高效资本市场的兴起

梁雪真

贝莱德董事总经理兼 iShares 安硕亚太区主管

ETF 是一种在交易所上市交易的开放式证券投资基金产品，其管理的资产是一揽子证券组合，组合中的证券种类与某一特定指数包含的成分相同，且构成比例一致。其交易价格取决于它拥有的一揽子股票的价值，即“单位基金资产净值”。ETF 允许投资者在整个交易日按当前市场价格立刻买卖投资产品，使得市场资本能够更加高效地流动。与更成熟的市场相比，中国的 ETF 市场还处于初始阶段，随着市场的不断发展，中国的 ETF 市场将更加具备成熟市场的一些特性，市场效率也会得以提升。为了培育 ETF 市场的成长，需要高效的做市商生态系统、套期保值市场的发展和更好的托管及结算服务。

梁雪真

贝莱德董事总经理兼 iShares 安硕亚太区主管

梁雪真（Jane Leung）　特许金融分析师，贝莱德董事总经理兼 iShares 安硕亚太区主管、贝莱德亚太区及 iShares 安硕全球执行委员会成员，曾任贝莱德亚太区指数股票部主管。她于 2001 年加入巴克莱全球投资管理公司（Barclays Global Investors），其后该公司在 2009 年与贝莱德合并。她在巴克莱时任职 iShares 安硕亚洲区（除日本外）高级产品总监，负责该区域内的产品开发、产品管理和投资组合管理，并曾任高级基金经理。在加入巴克莱之前，曾担任 Berger and Associates 的基金经理，也曾任职于美国投资银行唐纳森勒夫金詹雷特（Donaldson, Lufkin and Jenrette）的分析师。梁雪真拥有加州大学洛杉矶分校政治学学士学位。

贝莱德（BlackRock）　全球规模最大的投资管理、风险管理及顾问服务公司之一，总部位于纽约。截至 2014 年 3 月 31 日，贝莱德员工总数约 11 500 人，遍布全球 30 个国家，公司资产管理规模约 4.401 万亿美元。贝莱德提供多元化的投资产品，包括独立账户、互惠基金、iShares 安硕®（交易所交易基金）及其他集合投资工具。贝莱德亦通过 BlackRock Solutions® 的风险管理系统，向各类机构投资者提供风险管理、顾问及企业投资系统服务。iShares 安硕是全球最大交易所申赎基金供应商，在全球提供 700 多只基金。iShares 安硕拥有逾 40 年指数投资经验，在全球为投资者提供服务。iShares 安硕的一系列 ETF 建立在与各个领先指数提供商的紧密合作上，其中包括巴克莱资本、Cohen & Steers、道琼斯、富时、摩根大通、明晟、纳斯达克、罗素及标准普尔等。

ETF 市场的高增长性

交易型开放式指数基金（ETF）是指一种投资技术，经过 20 多年的发展，现已成为资本市场的基本组成部分。作为一种投资工具，ETF 让个人和机构得以接触各种不同类别的资产和资本产品，并且具有交易所提供的流动性和定价透明性的特点。ETF 的灵活性和多样性极大地促进了其所管理的资产的增长，全球 ETF 行业的资产仅在 2013 年就增长了 24%（见图 13—1）。①

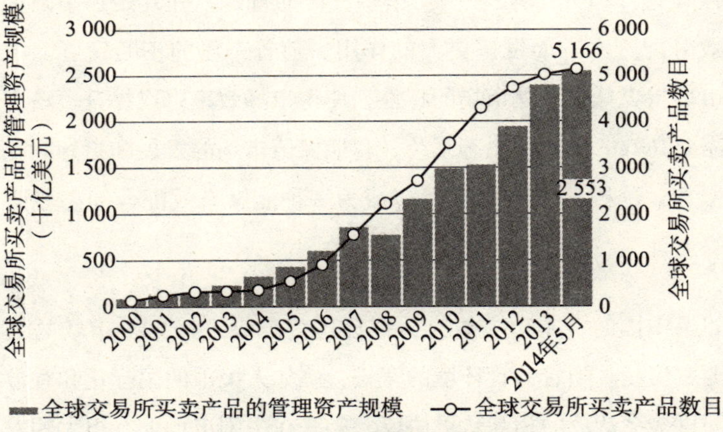

图13—1 全球交易所交易概况

① 欧洲ETF数据截至2013年12月30日，美国、加拿大、拉丁美洲、以色列和一些亚洲ETF的数据截至2013年12月31日，但也有一些亚洲ETF的数据截至2013年11月30日。全球ETF流动和资产数据来源于彭博发布的美国、加拿大、欧洲、拉丁美洲和一些亚洲ETF的已发行股票和资产净值。中东ETF资产数据来源于以色列银行，中国的ETF流动和资产数据来源于Wind资讯。

随着新兴市场的不断开放，ETF市场已成为全球资本市场的关键组成部分，并将继续保持增长的态势，其增长的一个重要推动因素是监管的变化。根据各地区司法管辖权的情况，ETF受到不同政府部门的监管，而大多数成长型市场都越来越广泛地接受并应用ETF。

但并不是所有市场的发展速度都能与ETF的内生性资产增长速度保持同步，因此，投资者希望进一步了解产品透明度，并追求进入市场的便利性。寻求最佳交易的投资者会要求交易价格和交易量具有透明度，以及能够更便利地进行跨境交易，所有这些都是新兴市场要面对的监管问题。

与更成熟的市场相比，中国的ETF市场还处于初始阶段，国内第一只ETF于2005年上市[①]，时至今日，深圳和上海的交易所共有83只ETF挂牌[②]。ETF市场正在获得更多资产的青睐，并开始在中国资本市场高效分配资本方面发挥更大的作用。随着市场的不断发展，中国的ETF市场将更具备成熟市场的特性，使得市场效率得以提升。培育ETF市场需要高效的做市商生态系统、套期保值市场的发展和更好的托管及结算服务，这样ETF技术就可以成为一种能够有效配合动态股票市场潜能的工具。

如果中国的资本市场想充分把握这些态势，其ETF市场的结构就必须随之演变。随着监管环境的宽松，例如人民币的国际化和香港与内地之间可能会达成的相互认可协议，ETF在中国市场上有很大的发展潜能。本土ETF市场结构的演变，将使中国的ETF投资者得以充分利用这一快速发展的投资技术。

① 数据来源于上海证券交易所。

② 数据来源于彭博。

有效的 ETF 市场生态

一个理想的 ETF 市场生态系统由许多不同的参与者组成，他们共同促成了高效、公平、透明的交易。市场参与者以不同的策略和模式，创造了能够服务资本市场和投资者的生态系统。正是市场参与者的多元化目标才让整个生态系统得以正常运行，一旦系统形成，即可在资本市场的运行过程中发挥重要作用。

在更成熟的市场中，例如美国，客户驱动着对 ETF 的需求。在类似美国这样的 ETF 市场，客户包括散户投资者、私人银行、资产管理机构、养老金、保险公司、主权财富基金、捐赠基金和家庭理财办公室等各种类型的投资机构和个人。为了简单又高效地达到投资目标，除了及时的交易和结算流程外，客户还要求更便利地获得多种产品。

经纪商是市场中的交易代理，所有其他参与者都是通过他们为最终用户提供服务。他们在市场中以代理人的身份代表客户进行交易，并通过这一服务收取费用或佣金。经纪商还为客户提供交易后确认结算详情及其他辅助服务，例如研究市场信息及相关投资观点等。大多数经纪商也可以为客户提供股票融资和融券服务。

大多数 ETF 都由独立的第三方托管行来保管证券。托管行也提供其他服务，例如账户管理、交易结算、股息和利息支付处理、公司行为管理、税务支持和外汇，并向 ETF 经理收取费用。

证券交易所是 ETF 交易的平台，它能够确保公平有序的交易和 ETF 及相关证券价格信息的高效发布。交易所一般会对每笔交易收取交易费，同时可能会向成员收取产品在交易所挂牌的许可费。

做市商能够提供流动性，这也是让ETF深受投资者欢迎的一个主要特征。做市商可以是个人或机构，报出ETF的卖出价和买入价，并从买卖差价中赚取利润。做市商需要确保在任何时候当投资者想要买入或卖出ETF时，都能找到交易对手。ETF提供流动性的特点有利于实现价格发现、效率和买卖报价差平衡，提供最具竞争力的价格，令投资者获益。

为了让做市商能够对冲头寸，需要成熟的期权和期货市场。做市商在提供流动性的过程中会建立较大的头寸，假如他们不能在衍生品市场对冲其中的风险，就不会愿意为支持ETF的流动性而建立头寸。

授权参与者（参与券商）是大型金融机构，他们从iShares安硕等类型的ETF提供商处取得授权，在一级市场设立和赎回ETF。设立和赎回ETF涉及向该基金指定提供的证券，以换取ETF份额，反之亦然。这个过程可协助平衡市场中ETF的供需关系，对于实现市场流动性平衡十分重要。一些参与券商将ETF作为基础证券来发行衍生品，例如权证、期权、期货/远期和结构性票据。这些衍生品（包括场外和交易所交易的工具）让ETF有了更大的流动性，因为交易商需要动态地对冲头寸来管理日常风险。大多数参与券商同时也是经纪商和ETF做市商，置身于提供ETF流动性的中心。

最后，正常运行的市场必须拥有一个负责监管证券市场的非政府性法定机构。监管者监督市场法规的实施，同时促进市场的发展。监管者力图维护和促进市场的公平、效率、竞争和透明，他们就是市场上努力减少不当行为的“警察”。

监管者最重要的任务是保护投资者，确保投资者了解自己承担的风险、市场机制和购买的产品，当ETF处于发展和采用的早期阶段时（如在中国），这一点就尤为重要。

中国 ETF 市场的发展

在过去的 10 年中，中国市场经历了稳步渐进的变化，为中外投资者提供了更多的灵活性和机遇。中国货币的逐步国际化一直是其中的关键，而且有迹象表明，这一积极的变化在可以预见的未来还将持续下去。

但要实现这一目标，还有很多工作要做。目前，中国的 ETF 生态系统缺乏相关角色的存在，而这些角色是一个正常运行的 ETF 市场所不可或缺的。持续的资本控制和缺乏明确的监管指引均降低了交易的效率，尤其是在流动性方面。

目前，ETF 在中国主要由散户投资者持有，就像共同基金被用于设立投资组合那样。随着更优化的市场结构和规则允许更大的灵活性，我们相信 ETF 可以成为中国机构投资者更宝贵的投资工具，为 ETF 市场带来显著的流动性和先进性。ETF 市场吸引的客户越多，产品经理就越有动力来增加产品系列的供应。

中国 ETF 生态系统的参与者倾向于不使用做市商，到目前为止，市场参与者还不清楚这样做的益处。在目前的体系下，ETF 提供商与证券公司私下里安排对其基金“做市”，但这会产生过大且不合理的买卖报价差，或者根本就不会有任何指示性买卖报价。

同时，做市商对冲头寸所需的期货和期权产品必须多元化，以便他们持有必要的存货来提供 ETF 流动性。如果没有存货，做市商就不愿为 ETF 提供买卖报价差，也就无法提供流动性。如果没有一个健康的做市功能成为交易的对手方，就不可能有供需平衡，二级市场就会陷于停顿。

ETF在确定的流动市场中才能彰显其优势。ETF有着多层流动性，但其流动性的特性与股票仍旧不同。ETF单位可在交易所或场外二级市场买卖，也可在一级市场设立；在一级市场，参与券商根据供需情况设立或赎回ETF单位。这意味着，定义股票流动市场相关的指标（日均交易量、日均交易额和公众持股量）并不是仅有的适用于ETF市场的指标。

健康的生态系统内的做市商是利用买卖报价差和ETF资产净值的溢折价获取利润。如果没有这些功能，资产净值的溢折价就不能被最小化或因套利而消失，客户就不得不在购买时支付资产净值溢价或按资产净值折扣价出售ETF。因此，应当允许做市商获取利润，以鼓励其进行ETF交易和为ETF做市。

授权参与者以代理的身份申购和赎回ETF，同时向客户收取提供该服务的费用。但他们在中国仅可申购和赎回完整设立的单位而不是散股，这限制了授权参与者能够提供的服务。

申购和赎回单位过程的低效也导致了资产净值交易缺乏透明度，这使得客户无法以具有竞争力的价格进行交易。与做市商的问题相似，ETF资产净值的任何溢折价都未能被最小化或因套利而消失。

高效ETF交易对于未来的益处

ETF让投资者能够在整个交易日按当前市场价格立刻买卖投资产品，这样也使得市场的资本能够更高效地流动。当投资者交易ETF时，他们既能在二级市场的证券交易所交易，也可以通过许多银行和经纪商在一级市场交易。这是一个类似于阀门的机制，也是ETF和标的资产的价格能够保持相近的原因。

2013 年 5 月 22 日，当美联储的公告让市场担忧利率上升时，ETF 交易的流动性和便利性就明显地体现了出来。投资者决定出售各种不同的全球性金融资产，许多人都通过 ETF 交易表达了他们的投资观点。即使在市场交易量很小（例如在一些固定收益市场上）或在纽约交易时间闭市（例如在许多国际市场上）时，ETF 也可以让投资者快速且高效地实现他们的决定。

市场经过此次快速反应后，在 2013 年 6 月，ETF 的交易量猛升至所有美国交易所交易量的 34% 左右[①]，而通常情况下的 ETF 交易只占总交易量的 25%。ETF 交易量猛增的原因是，投资者在美联储的公告减少了其头寸，这再次印证了 ETF 的实用性和流动性。

投资者通过 ETF 快速、高效地买卖产品，而这是直接交易标的资产无法做到的。iShares 安硕高收益美国债券 ETF 的日交易额在近日首次超过 10 亿美元。贝莱德最大的新兴市场股票基金 ETF 管理着 350 亿美元的资产，在不通过一级市场的情况下，仅在二级市场一天的交易额就达到 56 亿美元。

这些例子表明，ETF 为投资者提供了可以使股票、衍生产品和期货一并交易的工具。这项技术已在世界各地的资本市场上发挥作用，而且在市场波动时期，ETF 可以让投资者快速且高效地获得流动性。

但如果没有成熟的做市商角色和市场生态系统，ETF 在美国市场的波动时期就不可能发挥效力，而这一市场功能也是经过漫长的时间才发展起来的。中国资本市场正在采取积极措施，创造更高效的市场，但只有建立恰当的生态系统，ETF 市场才可能实现显著的增长。

---

① 数据来源于纽约证券交易所。

MANAGING ASSETS IN A NEW AGE

14

金融“水世界”

在充斥着人为制造的流动性的世界中独辟蹊径，追寻有利的投资

鲍伟豪

天达资产管理公司策略师

量化宽松已经将全球货币体系淹没，从而在根本上改变了投资环境。全球金融体系中泛滥过剩的流动性侵蚀了现代债券和股票投资之锚——无风险利率（RFRs）。另一方面，日本当前的货币政策越来越多地被西方采用，这一政策反映了各国央行正在抵抗人口老龄化过程中的诸多影响，如劳动人口参与率下降。老年人口的消费模式说明保守主义正在抬头，这可能已经拖慢货币的流通速度。因此，资本必须寻找新的“避风港”，寻求拥有实际收益率的新的无风险利率作为新的“稳定之锚”，从而可以让资本投资于固定收益和股票。

鲍伟豪

天达资产管理公司策略师

鲍伟豪（Michael Power） 于 2002 年 12 月加入天达资产管理公司任投资策略师，主要职责包括了解经济重心由西方转移至亚洲对全球投资的影响，以及这一转移如何能为天达资产管理的全球客户群开拓新的投资机遇。

鲍伟豪最初在美国大通银行的中东部门工作，随后加入英美资源集团（Anglo American）位于南非的企业融资部。之后，他加入罗斯柴尔德父子公司（NM Rothschild & Sons）位于伦敦的企业融资部，负责与自然资源相关的工作。在驱车观赏整个非洲之后，他又在肯尼亚的汇丰赤道银行（HSBC-Equator Bank）工作了 4 年。之后，鲍伟豪回到英国，在霸菱资产管理（Baring Asset Management）担任新兴市场部门主管，负责非洲和中东事务以及在自然资源领域的工作，同时还担任泛非辛巴基金（Pan African Simba Fund）的投资组合经理。

鲍伟豪是开普敦大学经济学博士、塔夫斯大学弗莱彻学院国际商务与法律专业文学硕士，也是牛津大学政治、哲学和经济学专业文学学士。

天达资产管理公司（Investec Asset Management） 于 1991 年成立于南非，最初是一家为新兴市场客户提供国内投资策略的小公司，经过 20 多年的发展，如今已成长为一家国际性资产管理公司。天达资产管理公司为机构、投资顾问和个人提供投资产品和服务，客户包括养老基金、中央银行、主权财富基金、保险公司、基金会、金融顾问和个人投资者。截至 2014 年 6 月 30 日，天达资产管理公司管理资产额近 1 230 亿美元，客户遍布全球。

量化宽松政策为全球货币体系注入的大量流动性已经催生出了一个金融“水世界”。借用1995年凯文·科斯特纳的电影名,这个全新的“未来水世界”具有相应的高潮变化,冲击着整个投资界。而随着过剩的流动性的退去,胜者和败者将分立,而事实上是正在分立。投资组合经理必须引导他们的“资本之舟”——基金穿过充满风险的大海,抵达陆地,同时还要保证一路上不让资本泡水,即不仅要让资本保值,还要尽可能地让其增值。

无风险利率之殇

通过近乎无节制地向全球货币体系注入流动性并因此使实际利率保持为负值,西方国家货币当局有效地“融化”了货币“冰盖”。货币环境爆发了“洪灾”,且这一做法破坏了过去30年里西方投资市场的稳定基础,也就是所谓的无风险利率的安全性。

1981年,当美国经济学家保罗·沃尔克将全球的实际利率恢复为正时,无风险利率同时成为固定收益和股票投资的稳定基础。就债券而言,实际利率为正的政府债券有助于支持这些投资工具维持所谓的“无风险”地位,即扣除通胀后,资本投资仍然能获得正值回报。就股票而言,无风险利率是定义资本成本和判定企业是否增值的依据,这里说的是实际利润,而不仅仅是会计利润。但自从美联储前主席艾伦·格林斯潘于2002年将实际利率降为负值开始,沃尔克所构建的世界就已不复存在(见图14—1)。

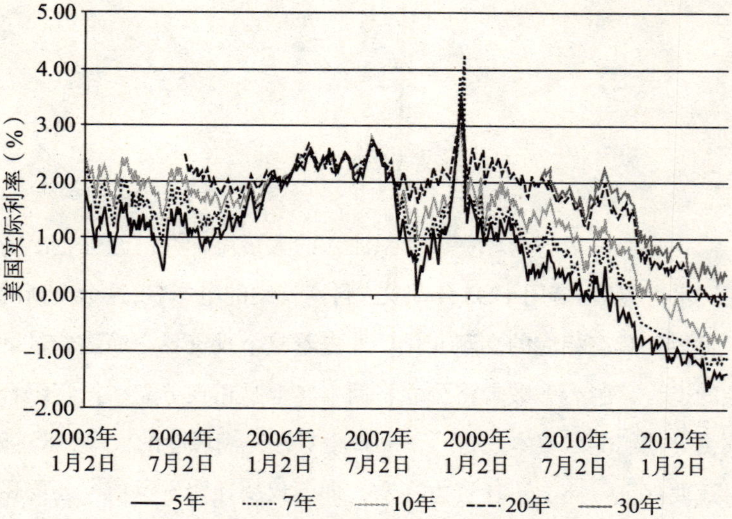

图14—1 美国实际利率趋势图

资料来源：美国财政部。

今天的货币政策

通过对后沃尔克世界里的货币政策如何在日本以及自2000年以来在西方国家的发展变化进行解读，可以看出这些国家的央行一直在抗击经济老龄化的影响，也就是"人口衰退"的影响。突显这种衰退的最佳指标是一直下降的劳动人口参与率（见图14—2）。

日益下降的劳动人口参与率已经开始减弱成本推动型通货膨胀。此外，老龄人口更为保守的消费模式可能已经放慢了"自然"的消费增长率，若假设始终不变的货币流通速度似乎会随着人口老龄化而出现下降，这同样也会增加通货紧缩的压力。这些因素可能已经被误解为与经济大缓和时期、经济周期波动减少以及20世纪80年代后期首先受关注的通胀率下降等密切相关。

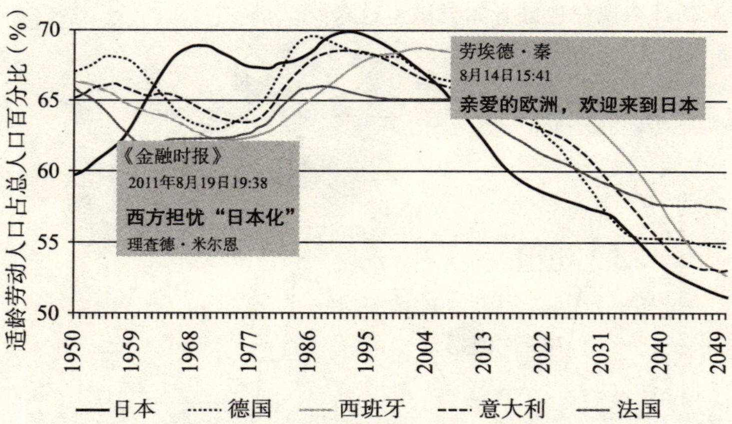

图14—2 各国适龄劳动人口占比趋势

资料来源：日本厚生劳动省、高盛投资公司、瑞士联合银行、《金融时报》、彭博社、《华尔街日报》。

第一个量化宽松政策（大幅度削减利率至负实际利率）由日本央行于 20 世纪 90 年代引入，格林斯潘在 2002 年借用，其目的是通过鼓励消费者承担消费者及政府的债务以刺激消费，并以低成本资本鼓励投资者投资以刺激投资增长。但消费者最终拒绝承担更多的债务。在西方，这种情况发生在 2008 年以后，消费者的主要抵押品和他们的自动提款机——房子的价格暴跌（见图 14—3），也因此阻碍了进一步的借贷。虽然在央行宽松货币政策的帮助下，银行系统勉强避免了广泛性破产，但自那时起，银行一直无法或不愿为消费性支出提供贷款；相反，它们一直在通过降低杠杆率修复资产负债表，同时应监管部门的要求努力增加其资本基数（见图 14—4）。

这样，在大家默认的情况下，自 2008 年以来的贷款大部分落在了政府身上（尽管公司也已纷纷提高了杠杆率，但通常用作资助股份回购）。央行也发挥了关键作用：新发行债务的相当大一部分并未净化，反而货币化了。央行资产负债表的这一急剧扩张已经成为第二个量化宽松政策，日本现在也已开始尝试走这条路。

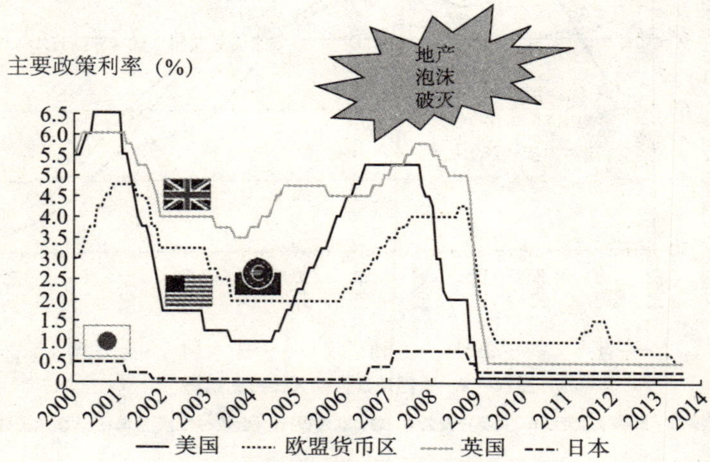

图14—3　各国房地产泡沫破灭

资料来源：麦肯锡咨询公司。

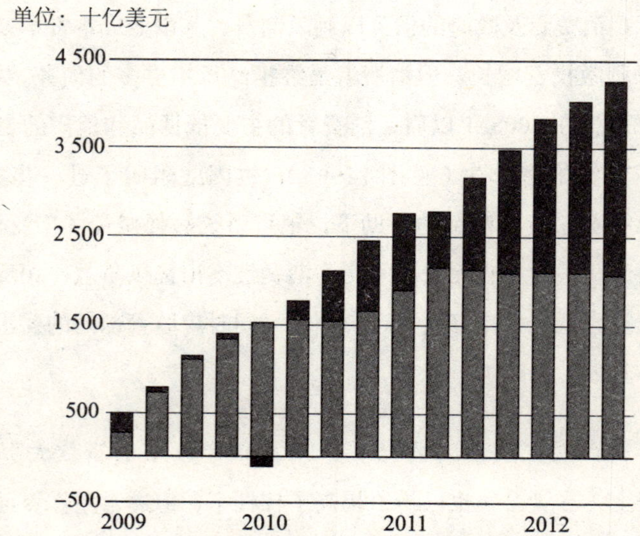

图14—4　债券发行与美联储购买量趋势

资料来源：雪绒花控股有限公司。

在此期间，西方国家和日本人口继续老龄化。日本的劳动参与率在1992年达到顶峰，而美国是在2000年。老年人口的消费模式已表现得越来越保守。例如，日本目前的私人财富有55%是以现金储存，讽刺的是，这在通货紧缩的情况下竟然是正确的选择。这种保守主义甚至可能拖慢货币的流通速度，因为退休人员的收入周转不如年轻人频繁，这将会对货币经济学的核心——货币数量产生深远的影响。迄今为止，货币数量论方程式（MV=PT）一直假设货币流通速度（V）为常量。如果事实并非如此，难免会让人对量化宽松政策本身的有效性产生怀疑。

如果对人口状况的这种解读没有错误，那么量化宽松政策，尤其是在涉及大规模债务货币化的国家，将会导致西方和日本货币当局在本国劳动人口占总人口比重开始下降时匆忙采取措施，以阻止本国经济的自然“通缩”。当然，如果技术进步和由此带来的生产力提高十分巨大且足以抵消人口老龄化的拖累，经济增长将保持健康发展。然而到目前为止，实际情况似乎并非如此，尤其是日本已经丧失了两个10年的增长期。

上文中的“通缩”一词是特意引用的。尽管美联储前任主席本·伯南克在2002年郑重承诺不会让通货紧缩在美国发生，但出现通货紧缩的风险似乎正越来越大，欧元地区就更是如此。大规模加剧的货币通胀并没有像许多人担心的那样，造成个人消费支出的更大通胀。事实上，美联储的首选通胀指标目前正处于第二次世界大战之后的一个低点。

投资和金融“水世界”

“量化宽松”牌“抗老龄化精华霜”已被发达国家央行广泛使用，这也导致了资本脱离无风险利率的稳定基础这一意外后果。一些现代投资从业人员认为，这些国家的货币当局在毁坏无风险利率的稳定基础的同时，就已经侵蚀了我们曾熟知的投资世界，甚至使有效的固定收益和股票投资变得不再可能。

对此，我表示不敢苟同。西方货币当局可能的确已经使资本脱离传统的稳定基础，但并没有摧毁资本。生存，乃至于繁荣，仍然是有可能的，高于年通货膨胀率的收益仍是可得的。凯恩斯于 1930 年断言，对普通投资者而言，2% 的复利实际年回报率已是合理的长期收益率。但若脱离了稳定基础的资本要在当今世界蓬勃发展，它必须如达尔文所说的那样，适应新的环境：金融“水世界”。

水世界里残酷且常常不可预知的条件，不太可能成为资本的最终命运，而这些资本已经失去旧世界中旧担保的稳定根基。正如在电影《未来水世界》中所描述的，所有资本的最终目的地仍是“干燥的陆地”。而今天的资本“领航员们”面临的挑战就是在驶向“干燥陆地”的过程中先保住资本，再促使其成长。

我预测，大部分“干燥的陆地”将位于“新世界”。随着时间的推移，那里将会有新的确定性之锚、新的“避风港”、拥有实际收益率的新的无风险利率以及由此奠定的新的根基，从而让资本可以在此根基上投资于固定收益和股票。现在已经出现了几个确定性之锚，例如在新加坡，十年期政府债券的美元收益率仍为正值。

资产管理者必须把自己看作是“领航员”，指引着满载资本的“巨轮”，驶离拥有正收益率的无风险利率的传统确定性。他们面临的挑战是选择一艘合适的船，确保它能够防水（即可以让资本保值），每日与风浪作斗争，努力驶向新出现的确定性——新的停泊之地。

资产管理者所选择的船只（基金）和他们操控船只的具体方式（如是否使用货币管理外包）将是其成功的关键。同时，对其面临的宏观经济形势作正确解读也至关重要。一个基本规则是，从旧世界中的停泊之地到达新世界中的停泊之地所花的时间越短越好，但有些捷径却可能会掩盖途中危险的浅滩和隐藏着的怪石。

资本当然不该毫无限期地在高风险的“海洋”上航行，“干燥的陆地”才是其首选目的地，因为只有在这里资本才能够实现最大程度的繁荣。

天达资产管理为投资者提供什么样的“船只”或基金

- 各种形式的新兴市场固定收益产品，包括以硬通货和当地货币计值的主权债务和企业债务。
- 不同地区的新兴市场股票。
- 包括新领域市场的新兴股票。
- 非洲私募股权。
- 全球特许经营公司。
- 商品和黄金基金。
- 货币基金。
- 借鉴公司已有的最佳创意并根据这些创意搭配资产配置的混合基金。

MANAGING ASSETS IN A NEW AGE

15

资产管理公司的未来

通过提供解决方案重塑资产管理模式

斯科特·鲍尔斯

道富环球投资管理公司总裁兼 CEO

回顾全球资产管理行业在过去 35 年的成长历程，我们会发现行业的演变与道富环球的发展轨迹存在一些相似之处。与 35 年前相比，虽然两者在增长和支持增长业务的模型方面存在许多不同之处，但无论是资产管理行业还是道富环球投资管理公司，都发生了巨大的变化。同样，虽然可以将道富环球投资管理公司的增长视为反映整个行业发展状况的一个范例，但今日的道富环球投资管理公司经过不断思考及改良，其发展战略和方法已经成为同业中具有独特定位的佼佼者。

斯科特·鲍尔斯

道富环球投资管理公司总裁兼 CEO

斯科特·鲍尔斯（Scott F. Powers） 毕业于哈佛大学经济学专业，2008 年 5 月加入道富环球，现为道富环球总裁兼 CEO，也是全球资产管理行业的佼佼者。2001—2008 年，任耆卫保险美国分公司（Old Mutual US）CEO，为该公司负责全球业务的 6 大高管之一，同时也是耆卫执委会成员，积极参与综合业务战略的开发和执行。在此之前，他曾分别在纽银梅隆资产管理公司及其旗下的波士顿资产管理公司任高管。他在波士顿资产管理公司任首席运营官和市场及客户服务部主管。

道富环球投资管理公司（SSgA） 全球资产管理行业内公认的领导者。截至 2014 年 3 月 31 日，道富环球投资管理公司管理的资产总额达 2.38 万亿美元①，客户包括公司、捐赠基金和基金会、第三方资产集合、养老基金和主权财富基金。这些专业机构依赖于道富环球投资管理公司纪律严明、精准严谨的投资流程及其强大的全球性投资平台来帮助它们接触到所有主要的资产类别。作为美国道富集团的资产管理业务部门，道富环球投资管理公司是世界领先的机构投资者金融服务提供方之一，其全球影响力延伸至全世界 27 个城市的 9 个全球投资中心和办事处。道富环球投资管理公司结合了丰富的投资经验和先进的研究能力来管理以客户为本的解决方案，既包括较宽泛的解决方案，也包括高度专业化的被动和主动管理策略。道富环球投资管理公司凭借旗下的思柏达品牌在 ETF 行业取得了领导地位，先后向市场推出了首个黄金、国际房地产、固定收益和 ETF 行业产品。

---

① 管理资产包括SPDR黄金信托（SPDR Gold Trust）资产（截至2014年3月31日，约为338亿美元）。道富环球的附属公司——美国道富环球市场有限责任公司作为SPDR黄金信托市场推广代理SPDR黄金信托管理资产总量的数据未经审计。

道富环球投资管理积累的经验和以客户为本的模式，以及当前业务的运营方法和未来的发展规划等都提供了很多有用信息。总结道富环球经验的最好方法，就是回顾公司自创立以来的历史，了解道富环球如何与客户保持紧密的关系，以及引领公司向前发展的种种行业因素。

（一）1978—1989：SSgA成立初期以及在牛市背景下指数化投资的发展

道富环球创立于1978年，当时只是美国道富银行的资产管理部门。美国道富银行是世界上历史最悠久的受托机构之一，成立于1792年。1980年，道富环球管理的资产总额仅为250亿美元，而如今管理的资产已超过2.4万亿美元。道富环球如此巨大的增长并非通过并购，而是通过内生长以及不断捕捉并利用行业发展趋势的方式实现。

在很大程度上，这一时期反映市场增长因素也为道富环球带来了积极影响。道富环球无疑占据了"天时地利"：股市在经历了4年的熊市后于1980年开始恢复。市场蓄势待发，上涨的周期远远超过最初的预期。从1980年到21世纪初，即使将"黑色星期五"等其他市场调整因素都考虑其中，市场的平均收益率也达到了每年15%。换言之，对这一时期的股票投资者来说，这是一个整体上行的长牛时期。与此同时，在20世纪80年代，固定收益利率一直下降，导致债券市场价格上升，使得这一时期成为投资债券市场的理想时期。在这段时期，道富环球管理的资产

50% 投资于股票投资组合，剩余的 50% 投资于现金及固定收益投资组合。

然而，其他资产管理公司也拥有这些市场优势，但却未取得类似于道富环球的成功，这可归咎于许多原因。其中之一是，道富环球的投资方法紧随市场的表现不断变化。不仅如此，道富环球还预料到机构客户对投资组合的表现会有更高的预期，任何单一产品都不能满足客户投资目标的要求。总而言之,道富环球在那时即已开始考虑对资本市场进行资产配置。

虽然道富环球的商业模式在不断演变，但有一点却始终如一：道富环球的目标从来都不仅限于成为行业的领导者，而是要成为客户的首选合作伙伴。换言之，道富环球能倾听客户的需求，并致力于为客户服务。这是道富环球能与众不同的最主要原因。

指数投资和被动式管理的兴起

被动管理乃至整个指数化投资行业的理论基础的历史很短，最初由领航集团于 1976 年提出。道富环球和领航集团很快成为两个最领先的指数化投资服务提供方。道富环球专注于机构市场，领航集团专注于零售。标普 500 指数成为名副其实的“市场组合”，首只共同基金在市场上推出。道富环球随后于 1978 年和 1979 年推出了标普 500 指数基金和摩根士丹利国际资本指数欧澳远东基金（MSCI EAFE）。这些基金现在已经成为世界上投资规模最大的基金。而在现金管理方面，1978 年也是标志性的一年，在这一年道富环球推出了短期投资基金，主要针对需要另类现金管理工具的托管客户。该基金今天仍然在运营，为机构、主权财富基金、中央银行和个人客户管理着超过 4 000 亿美元的资产。

这一时期的特点是为客户寻找低成本的解决方案，同时能以低成本的方式提供有效 β 的市场敞口，尤其是在主动管理型基金经理通常向客户收取 80~120 个基点的管理费的情况下。道富环球找到的一个解决方法是使用指数化投资，让客户以更有效的方法取样并模拟某类证券的整体变化。因此，这一时期也是机构投资者开始接受指数化投资的时期。

道富环球通常担任教育者的角色，为客户和同行解释被动管理的理论及其在实务中的优势。在此之前，投资者别无选择，只能主动地选择股票投资，甚至对“购买整个市场敞口”都没有概念。但随着指数化投资的推出，投资者能够以经济的成本享受整个市场的增长机会。指数化投资也是利用股票市场上涨而衍生出的工具，道富环球在寻找低成本 β 敞口方面的重大创新，不仅提高了客户的收益，也改善了道富环球自身的业务。这在 20 世纪 90 年代亦是如此。

在这个 10 年结束时，道富环球管理的资产金额为 570 亿美元。

（二）1990—1999：全球扩张和 ETF 引领的产品多元化时代

在 20 世纪 90 年代，对全行业而言，这一时期的特点是全球化和跨国投资的不断增加。在这 10 年中，投资顾问也随之兴起，人们试图通过细分类别（如采用“9 宫格法”）对基金进行分类。由于这些投资顾问的大力宣传，投资者对更广泛的比较基准开始产生兴趣，包括所有的细分市场：大盘股、小盘股、中盘股、非美国市场、新兴市场和其他市场。

对于道富环球而言，这些趋势转化为在产品多元化和全球化市场中寻求更多客户的机会。道富环球第一个在美国之外的办事处在伦敦开业。在 20 世纪 90 年代早期和中期，道富环球继续扩大在全球的业务分布，在巴黎、悉尼、香港、东京和蒙特利尔设立了投资中心。这样做是为了顺应一个明显的趋势：在这 10 年中，全球性的资产管理公司正拥有越来越多的市场份额。道富环球已成为一家真正的全球性公司，目前在全世界的 18 个国家和 27 个城市设立了分支机构，这也反映了道富环球对国际化浪潮的关注。

道富环球以客户为中心的模式敏锐地捕捉到客户的投资偏好：客户对更广阔市场敞口的需求，并追求交易更活跃、流动性更好的工具。在投资工具上也有所创新，而且从投资者的需求来看，这些创新所带来的业务增长仍未显现出放缓的迹象。

ETF 的崛起

这 10 年对于道富环球而言，是一个伟大的创新时期，其创新规模在当时是前所未有的，而这也与当时公司所预见到的创新趋势并采取的相应措施密切相关。后来的事实证明了道富环球的预测是正确的：机构投资者不仅对国际市场表现出持续的兴趣，而且希望能更便捷地获得当时还没有的直接投资机会，即交易所交易基金（见图 15—1）。

全球：5 283只交易所交易产品，资产规模2.4万亿美元

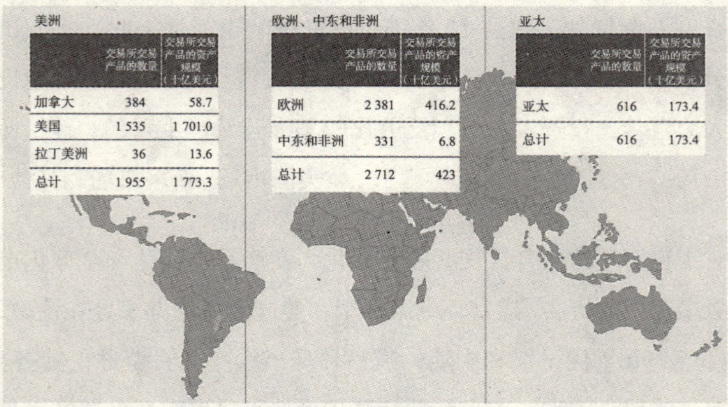

美洲

	交易所交易产品的数量	交易所交易产品的资产规模（十亿美元）
加拿大	384	58.7
美国	1 535	1 701.0
拉丁美洲	36	13.6
总计	1 955	1 773.3

欧洲、中东和非洲

	交易所交易产品的数量	交易所交易产品的资产规模（十亿美元）
欧洲	2 381	416.2
中东和非洲	331	6.8
总计	2 712	423

亚太

	交易所交易产品的数量	交易所交易产品的资产规模（十亿美元）
亚太	616	173.4
总计	616	173.4

图15—1 当前全球交易所交易产品分布

资料来源：Markit和道富环球投资管理，截至2013年12月31日。

在 1993 年，道富环球创造了世界上第一个 ETF——SPDR 标普 500 指数基金（SPY）。20 年过去了，ETF 现在是一个价值 2.4 万亿美元的产业，其中道富环球的份额超过 4 000 亿美元。实际上，ETF 代表了有史以来增长最快的一种投资工具。SPY 如今依然在为客户赢得优于比较基准的稳定投资收益，是流动性最高、交易量最大的一只基金，比以往任何时候都更受欢迎。因为它能以高流动性、低成本和高透明度的方式获得标普 500 指数的被动敞口。自此之后，道富环球以相同的做法开发了不同资产类别的其他众多 ETF，覆盖了股票、固定收益、货币和大宗商品市场。这些指数产品提升了投资领域内进行精准“切割细分”的能力，使投资者能够构建可抵御市场周期的投资组合。

在过去的 15 年里，对每类 ETF 的需求都出现了爆炸式增长（见图 15—2）。目前，贝莱德、道富环球和领航集团是 ETF 行业的主要参与者。可以毫不夸张地说，ETF 改变了投资者的投资理念，为投资者提供了低准入门槛、灵活性以及低成本的 β 敞口，让普通投资者得以有机会投资每一个市场板块。虽然这种改变颇具有讽刺意味，因为 ETF 在一开始并没有得到投资者的广泛接受。

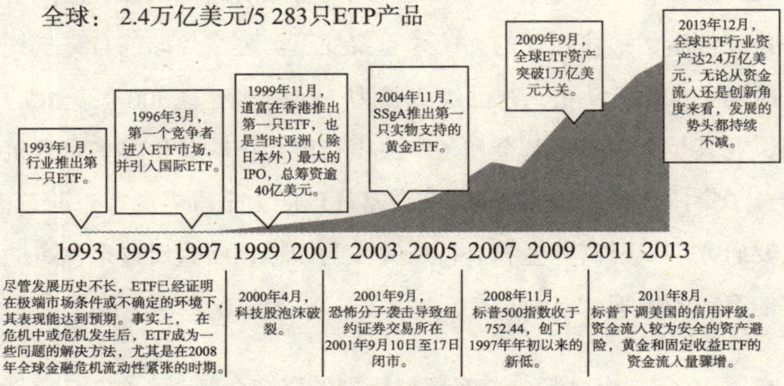

图15—2 ETF20年发展历史及资产增长

资料来源：道富环球战略和研究，截至2013年12月31日。

香港盈富基金

正当这 10 年即将结束时，道富环球取得了另一个卓越的成就：道富环球于 1999 年与中国香港特别行政区政府建立了密切关系。香港特区政府为应对亚洲金融危机，在一次市场干预中购买了规模较大的由香港股票组成的投资组合，希望以对市场影响最小的方式逐步出售这些股票。为满足香港特区政府的特殊需求，道富环球与香港特区政府和香港金管局共同研究了一个股票中性解决方案，从而创造了亚洲（除日本外）首只 ETF：香港盈富基金（TraHK）。

发行规模高达 333 亿港币（约合 43 亿美元）的盈富基金创下了当时亚洲（除日本外）历史上首次公开发行的规模之最。该解决方案不仅满足了将股票的所有权从中央银行转移至机构和个人投资者的要求，而且显著增加了香港资本市场的深度。如今，盈富基金是亚洲（除日本外）资产规模最大的 ETF，同时也成为一个经典案例，即倾听客户需求不仅能使道富环球自身获益，同时还能有助于客户群体。这使得道富环球成为香港这一重要市场中的主要参与者，并体现了道富环球与多方建立的良好关系。

此外，道富环球与香港特区政府及金管局所建立的多方面的合作伙伴关系还催生了道富环球的另一个重要变革。道富环球的官方机构集团（OIG）于 2000 年设立，并已经成长为一个规模达 4 300 亿美元的业务部门，尤其是主权财富基金和各中央银行能从中获益良多。官方机构集团结合了集体智慧和研究力量，使道富环球能为全世界的客户洞悉市场，其主要研究主权财富基金和央行所关注的领域，而这反过来也有助于改善其他客户的决策。

在这 10 年结束之际，道富环球管理的资产金额为 6 670 亿美元。

（三）2000—2007：数据革命和转向定额投资的趋势

一提到“大数据”这个名词，许多人通常会将其与最近几年刚刚兴起的整合处理技术联系起来。然而，在更早的时候，也就是 21 世纪最初的 10 年，大数据和集聚处理技术即将带来的重要变革就已经为道富环球所洞察。随着公司在全球市场和资产类别的扩张，道富环球越来越需要一种更加有效的方式来处理日益复杂的数据。

道富环球再一次预见了客户所面临的挑战，同时也发现，过去几十年的产品优势，加上更加先进精确的技术，可能会为道富环球带来更多的机会，这对于公司和客户而言都是如此。因此，道富环球在这 10 年间开发了自己的技术，让相关专家整合现有的大量数据，并开发出新战略以利用之前无法利用的数据。

那时，科技泡沫刚刚破裂，即使在投资者兴趣和风险承受能力都有所减弱的情况下，估值过高的证券价格也突然变得十分诱人。而之后发生的“9·11”事件也加剧了投资者对风险的厌恶。道富环球将这种转变视为一次扩展业务的契机。尽管当时许多同行投资公司都缩减了在技术方面的支出，道富环球并没有这样做。相反，道富环球继续利用技术优势发展业务，其中主要包括两个方面。一方面，道富环球利用技术，提高投资运营效率。举例来说，现在道富环球核心股票 β 团队成员的数量与 10 多年前大致相同，但这支团队管理的资产数量却是之前的 3 倍，账户数量则是之前的 4 倍。在团队中，投资组合经理可以在不同地点管理所有帐户。另一方面，道富环球还利用其技术实力，通过主动量化策略跑赢了市场。

道富环球全球主动量化股票团队致力于系统地识别市场的无效性，

以获取产生超额收益的机会。该团队的理念是，所有资本市场都在一定程度上表现出无效性，或许可以利用公司强大的技术能力来帮助确定能否利用这些无效性。道富环球相信，通过恪守同一个系统化的投资纪律能捕捉到市场中的异常表现，其中包括能长期表现出预测能力且不具有相关性的证券评估措施。同时保留调整这些措施的灵活性和敏捷性，因为这些措施依赖于当前主要的宏观经济环境。在这一过程中进行适当水平的风险控制，同时采取长期和短期相结合的角度来系统地评估股票证券，便可产生超过基准的收益。道富环球是领先的，以量化模型进行投资的公司之一。

养老金市场的发展

在这 10 年中，为了应对美国养老金改革及各种经济和人口压力，一些大型的退休金计划改变了负债管理的思路，将更多的投资风险转嫁给退休计划的参与者。公司为其终身雇员支付退休金的传统定额给付模型在迅速衰落，并由定额给付模型转向定额投入模型，而其中许多公司也是道富环球的客户。因此，道富环球也跟随客户一起转变，大大扩展了出资方和中介机构的定额投入产品计划，并在此过程中赢得了更广泛的客户基础。这同时也催生了成本更低、流动性和透明度更高的产品。

但是，养老金产品的数量过多，往往令投资者无从选择。对此，企业倾向于将投资公司股票视作默认选项，但有时候这并非是一个明智的举措。例如，当安然公司员工的养老基金损失 2 万亿美元时，道富环球受托,并竭尽全力为安然员工努力挽回了 8 500 万美元）。另一个大的“默认”资产配置则是现金。

面对这些不太理想的选择，道富环球创设了一种独特的设定目标日期的退休基金，以使投资者能够建立一个去风险的投资组合。道富环球是业内此类基金最大的管理机构之一，而此类基金在世界各地也在不断地推动着机构投资者的发展。设定目标日期的退休基金事实上正得到越来越多政府的支持。目前，定额投入类别基金的整体规模已超过定额给付类别基金，且差距在稳步扩大。

截至 2007 年年底，就在最严重的全球金融危机爆发前夕，道富环球管理的资产金额为 1.98 万亿美元。

（四）2008 年至今：后全球金融危机时代和综合解决方案的开发

2007 年全球金融危机爆发，西方国家市场比东方国家市场的下跌幅度更大，损失金额高达数万亿美元，多个重要的金融机构倒闭，整个金融危机影响波及无数个人和机构投资者。

对道富环球而言，此次危机也带来了机遇，这主要得益于公司坚持长期与客户保持密切接触，并对客户进行风险和多样化投资培训。这是道富环球文化的核心价值，也是公司区别于其他竞争对手的主要表现，因而使道富环球在这一时期仍能蓬勃发展。

道富环球专注于帮助客户以两种方式去除投资组合中的风险。首先，通过避免主动选股（股票在危机时期表现明显不佳，与市场的下跌也具有高度相关性），转而投向指数投资，使得投资者能够以较低的成本获得市场敞口。这也有助于投资目标实现在危机期间要求的流动性溢价，特别是在固定收益市场上更是如此，因此，指数投资非常适合提供这种优势。

其次，我们的研究表明，在遇到压力的环境下（如金融危机），即使投资组合的多元化水平很高，但在市场下跌时，各类资产表现的相关性也会大幅上升，从而失去分散风险的意义。因此，基准的相对收益不复存在，取而代之的是要求以绝对收益为基础的绩效。客户对包括如何抵消风险以及是否存在绝对收益的整个投资过程充满困惑。这些困惑引发了道富环球对业务模式的另一个改进：为这些客户提供更复杂的解决方案，以抑制风险。战略资产配置、战术资产配置和风险管理成为当前以解决方案为导向的雏形。这种引人注目的解决方案包括管理波动率策略，旨在通过用降低投资组合的整体风险且不牺牲收益的方式，实现比相应市值指数更高的风险调整后收益。另一个改进是目标波动率触发因素策略，通过动态调整投资组合中风险资产的敞口，来达到投资组合风险水平的目标。我们的目标是，通过提供与战略基准相称的收益水平，同时降低总体实际波动率来提高投资组合效率。

以综合解决方案为导向的方法

这种综合解决方案将被动投资与主动投资和另类投资策略有机地结合起来，而不再是从三者中仅挑选出一种。如果发生尾部风险事件或在市场相对下行时，单一投资的做法可能会给财富带来极大的损失。相反，这种综合解决方案将三者结合为一种方法，为投资组合提供保障。随着对提供风险调整后收益的要求变得越来越引人注目（即使该收益是递增的），这种战术配置的智慧很快就被投资者所接受，而仅有少数资产管理人能够提供这样的解决方案。

2011 年，道富环球开始为客户管理多元资产类别的解决方案，以管理尾部风险。当时在全球授权的运作下，采用这些策略管理的资产总额为 1 400 亿美元，现在管理的资产总额已超过 1 850 亿美元，团队人数也从 40 人增长至 70 余人，并在全球授权运作。该团队的人员结构独特，由三部分构成，一部分专注于投资组合管理和风险管理，另一部分进行严格的定量研究，还有一部分提供信托服务。

2013 年，这个投资方案团队完成了超过 70 个不同主题的客户定制项目，包括资产配置、另类指数和风险管理，今年预计完成的项目数量将增加一倍以上。这种定制化的研究、分析和产品设计方法，向客户提供了更有意义的建议，并且允许客户能从道富环球的研究日程和强大的研究力量中获益。我们这样问自己："道富环球的定位是否能建立和管理以解决方案为导向的投资组合，从而满足客户对风险管理的需求？"如果道富环球做不到这一点，我们就只是一个"零部件供应商"，而无法提供全面的管理，这将降低我们的业务收益。

解决方案而不仅是产品：核心业务向前发展

很显然，客户现在更需要富有决断力的建议和可操作的思路。道富环球与客户之间的谈话从单单提供产品转向专注于更好地理解目标，并找到实现这些目标的最佳途径。随着客户数量不断增长，道富环球更少会用一个基准来判断业绩，而是更多地根据实现目标所需的绝对收益来判断。这对整个投资行业产生了巨大的影响。这种转变反映了一个事实，即投资者渐渐不再关注达到或超过一个基准，而更关注实现目标所需的绝对收益。现在，这已经成为道富环球与越来越多的客户之间的合作关系的核心。

许多同行都向往资产所有者和管理者之间密切的合作关系，但这却很难实现。为了获得成功，投资公司在投资观点和能力方面都需要达到专业水平，同时还要合理组织，以有效的方式将这些专业知识付诸实践。这已经超越了通常的客户关系，而是要建立一种战略合作伙伴关系。这种伙伴关系可以探讨不同的形式，并会随着时间的推移而不断改善。道富环球以客户为本、关注与客户之间的互动一直都是其文化内涵。同时，道富环球长久以来不断创新投资策略，以便更好地满足客户的需求。而与客户之间讨论的不仅包括产品理念，更关注的是战略解决方案。

道富环球从最初第一个指数基金的提供方，到后来的 ETF 提供方，再到综合解决方案提供方的转变，绝不是一朝一夕就能实现的。同时应当注意的是，道富环球是仅有的几个能够进行这种转变的少数公司之一。有许多因素促进了这种转变，但道富环球具备一个当时其他竞争者可能并不具备的条件，即杰出的资产管理者。

这种转变已经为道富环球在业务增长和客户机会方面带来了可观的收益。这里略举几个事实：世界排名前 100 位的养老金计划中有 60% 是道富环球的客户，排名前 1 000 位中有 40% 是道富环球的客户。道富环球现在管理着 4 300 亿美元的官方机构业务，拥有全球第二大 ETF 平台。与此同时，所有这些客户都在寻求洞察力、研究成果和与行业思想领袖交流的机会。这里所说的客户不仅包括机构客户，还包括投资顾问、金融中介机构和其他零售 / 顾问驱动业务的主体，这些群体对于道富环球而言正在变得越来越重要。

这种做法有诸多益处，其中一个便是道富环球得以与客户进行更深入的接触，并能帮助客户实现更好的结果。这也使道富环球能够在整个组织中推动创新，因为道富环球提出的和被问及的问题以及按要求制定的解决方案，往往会引发战略发展和产品创新，从而帮助更多的人。对道富环球而言，有一个共同主题贯穿着这些变化，这一主题包括三层含义：持续创新、持续再投资和坚持把客户放在首位。

截至2013年年底，也就是在金融危机全面爆发的5年后，道富环球管理的资产金额达2.34万亿美元。

在未来十年，资产管理公司将需要什么

根据优先次序，在目前和可预见的未来的投资环境中，道富环球为资产管理公司列出以下需要牢记的10个方面。

1. **人才**：吸引和留住人才，为客户提供解决方案；客户希望能与之交流的投资经理是一位行业公认的思想领袖。

2. **灵活的解决方案**：能根据需要灵活地运用主动管理、被动管理和另类策略，并提供以结果为导向的解决方案；所有的“要件”都必须到位。

3. **强大的合作伙伴**：如果没有，就应从此类产品最好的供应商中选择有能力和意愿的合作伙伴，针对特定的渠道（如中介机构）对产品进行包装。例如，道富环球已与多家公司合作，为客户提供先进的解决方案，包括黑石和GSO（推出第一只主动管理型银行贷款ETF）、MFS（推出三只主动管理的股票型ETF）、Nuveen（为市政债券ETF提供分层顾问服务）和Clarion RE（推出主动管理型REIT基金）。在发现需求时，道富环球知道应该与具有核心竞争力的合作伙伴协作，这使得道富环球能够稳妥地发展业务。

4. **未来的关注**：关注你认为有能力竞争并取胜的领域。道富环球相信未来的重点将是定额投资、官方机构（尤其是在发展中市场）和财务顾问。

5. **技术**：有能力继续投资于技术和基础设施，吸引和留住人才，并支付富有竞争力的薪酬。这样做将提高效率，而

效率能够激励人才。最好的管理者需要高效的工具，如果没有这种工具，他们就会离开。

6. 文化：能够营造一种问责制文化，在这种文化中，每个人都能从中获益。例如，道富环球指数基金经理的薪酬取决于管理者能否降低佣金、减少交易和提供流动性。这反过来也营造了一种健康的问责制文化。

7. 效率：要牢记监管费用将继续增加，而且客户会希望少花钱多办事。因此，要合理地利用你的资源。

8. 竞争优势：了解你真正擅长和不擅长的领域，然后在两者之间做出决定。避免在你不擅长的领域浪费资源，牢记那些对于你而言最好不做的事。

9. 信任：永远不要忘记你是在管理客户的资金，而不是你自己的资金。这是一个以信任为基础的行业，必须证明你有能力取得并留住客户的信任。虽然声誉需要几十年才能打造，但客户进入和离开的门槛却很低。如果客户失去信心，他们就会离开，这是很常见的。所以要持续建立信任，并像受托人一样履行职责。在道富环球，我们在审视客户关系时，永远都必须把自己的利润率放在第二位，我们也确实是这样做的。

10. 卓越：在这个行业中，做好事与赚钱并不矛盾。

参照道富环球过往的发展经验，可以看到道富环球的产品、服务、对技术和人员的内部投资是如何随着时间而演变，不仅要应对行业现状的改变和瞬息万变的投资环境，更重要的是回应客户的需求。的确，道富环球的业务也因此而显著增长。这些行动及其结果具有直接的正相关性，道富环球今日的地位就证明了这一点。

MANAGING ASSETS IN A NEW AGE

16

关注责任投资

KKR 对环境、社会和公司治理之思考

欧思文 / 李响

KKR 亚太区公共事务主管 / KKR 中国区董事总经理

在意识到其决策能对企业、社区及个人产生一定的积极影响后，KKR 集团便在其经营活动中致力于责任投资。KKR 集团成员认为，如果投资决策中能够充分考虑环境、社会和公司治理因素，这必将造就更明智、更谨慎负责的投资者。作为投资方法的一部分，KKR积极投资于为政府、社会及当地社区所面临的挑战提供解决方案的业务。有意义的业务投资可为满足市场需求构建桥梁，并为社会谋利。KKR 认为，为当地社区提供必要的所需服务是双赢之举。

欧思文

KKR 亚太区公共事务主管

欧思文（Steven R. Okun） 在 2011 年作为公共事务的亚太区总监加入 KKR 公司，其职务包括政府事务、公共关系以及环境和社会责任问题。在加入 KKR 之前，欧思文是 UPS 亚太地区公共事务副总裁，在此之前，曾在克林顿政府担任副法律总顾问和美国运输部航空顾问秘书。2008—2011 年间，欧思文被选为新加坡美国商会的主席，目前正值其在商务部美国商会亚太理事会主席的第三个任期。欧思文获得弗吉尼亚大学学士学位以及法学博士学位。

李响

KKR 中国区董事总经理

李响 于 2009 年加入 KKR 公司，是私募股权投资平台中的一员。他积极参与了中金公司及胸腔镜的投资。加盟 KKR 之前，李响是高盛公司的中国投资银行团队董事总经理，参与了大量融资和并购交易，也在中国政府部门工作了 10 年。李响本科毕业于中国人民大学商学院，获得学士学位，并持有南安普敦大学管理学院的理科硕士学位。

KKR 一家全球领先的投资机构，管理多种资产投资类别，包括私募股权投资、能源、基础设施、房地产、信贷和对冲基金等。KKR 旨在通过长期且严谨的投资方式，凭借世界一流人才，在资产层面创造价值，推动业务发展，以获取优秀的投资回报。KKR 以自有资金以及来自合作伙伴的资金进行投资，通过资本市场业务为其他企业带来发展机遇。KKR 致力于充分利用其广阔的全球资源和丰富的本土经验帮助其所投资的企业发展壮大。KKR 的中国团队坚持遵循这一投资理念，在不同的经济环境周期中成功投资了诸多中国领先企业。

无论是对本土企业还是跨国公司而言，公司治理的重要性日益凸显，企业的目标已从单纯创造股东价值发展到多个利益相关方的价值共享。目前,KKR 的投资方法已经将这些社会因素纳入日常决策的过程中。作为投资方法的一部分，KKR 积极投资于为政府、社会及当地社区所面临的挑战提供解决方案的业务。有意义的业务投资可为市场差距构建桥梁，并为社会谋利。KKR 认为，为当地社区提供必要的所需服务是一种双赢之举。在应对污染防治、食品安全、医疗保健及金融包容性等相关挑战时，各国政府为非政府解决方案供应商提供的空间越来越大。那些在社会问题解决方面更具创新性、技术水准及运营远见的业务更有益于企业的发展。责任投资与经营业绩紧密相关，其为投资行业提供了坚实基础。同时，私募在其中发挥着核心作用。

在全球投资组合中，KKR 已经投资并参与了那些能为社会性挑战提供解决方案的业务。值得一提的是，中国拥有众多企业家希望通过为社会做出贡献来发展公司业务，这一点与中国构建和谐社会的目标不谋而合。KKR 在众多的中国投资业务中看到，来自亚洲牧业、中粮肉食、远东宏信、现代牧业及联合环境技术的中国领先企业家们正致力于扩大其社会影响力。能够与他们进行合作，KRR 备感荣幸。

KKR 在环境、社会、公司治理及责任投资方面的承诺

KKR 认为企业既能做强业务又能造福社会的可能——是公司治理

理念的基础。在 1976 年 KKR 成立之时，集团创始人——联席主席兼联席行政总裁亨利·克拉维斯（Henry R. Kravis）和乔治·罗伯茨（George R. Roberts）便确立了独特的合作精神、主人翁共享意识及强烈的核心价值观。如今，最初的核心价值观依然根植于企业中，并对 KKR 的业务运营产生着深远影响，包括如何将公司治理理念贯穿于整个私募股权投资过程中（见图 16—1）。KKR 集团成员深信，此类与责任投资相关的价值观和承诺对可持续价值的创造至关重要。

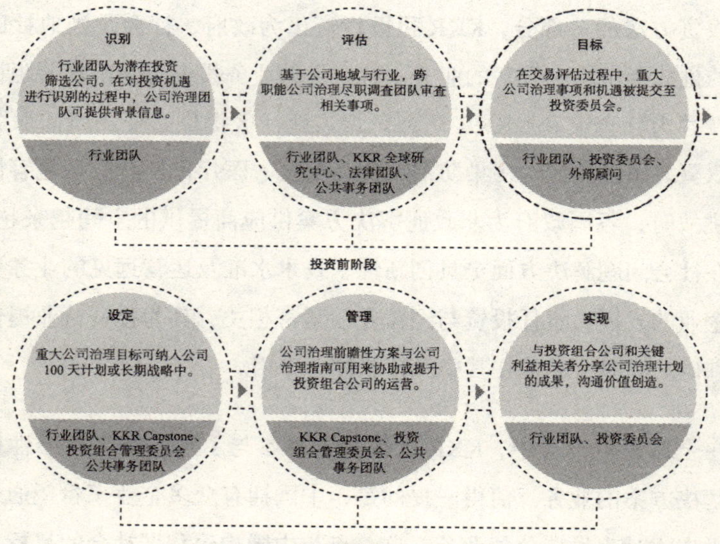

图16—1　公司治理在整个私募股权投资过程中的体现

KKR 广泛接触各类操作工具、资源及全球网络，通过全面分析 KKR 与整个中国市场的关系，可以为 KKR 集团各公司实现最佳的投资实践。公司治理议题千差万别，涉猎众多，如公司如何处理其业务对社会环境的影响、公司与员工及供应链的合作方式及公司治理流程中的透明度与诚信度问题等。这些议题可直接或间接地影响到一家公司的盈亏底线，如原材料或劳动力成本（直接）或利益相关者等因素，包括员工、投资者、监管机构或社区（间接）。

就投资重点而言，KKR 认为，利用私募股权投资模式营造积极变化十分重要。就如同大多数私募投资者那样，KKR 从长期角度审视一家公司的经营状况。这样一来，KKR 便有充足的时间为所投资公司的经营、消费及供应链系统增值，并就相关结果提供反馈。

在一项投资的尽职调查和所有权阶段所遇到的公司治理及其评估问题开启了 KKR 对公司治理的管理。该方法具有高度定制化和协作化的特点，且以结果为导向。对于某些投资公司，KKR 会就与公司治理相关的个别需求或要求进行反馈，并将之纳入单独定制的计划中；而对于其他投资公司，KKR 则应用前瞻性的公司治理方案来应对企业环境影响、采购责任及员工健康等问题。

具体而言，KKR 将从以下 5 个核心角度出发，在全球范围内最大化推行公司治理理念：

1. 建立合作关系。通过向利益相关者，包括基金投资者、投资组合公司及非营利合作伙伴学习，KKR 不断改善在公司治理领域的影响。

2. 创新。作为一个全球性解决方案提供商，KKR 鼓励创新思维和创造力，以应对公司挑战并满足社会需求。

3. 问责制。KKR 要求就与业务模式和重大议题相关的关键绩效指标提交年度报告，该工作通过一系列组织良好的公告和交流来完成。

4. 团队合作。KKR 强烈推崇合作的力量，公司员工也展开了跨地域、跨部门的积极合作，以达到公司治理理念的最佳效果。

5. 完整性。KKR 决心以认真的态度将公司治理理念持续贯穿至整个私募股权投资过程中。

秉承此类共同价值观，KKR 投资团队更能放眼全局，并做出符合集团特色的决策。对于亚太地区而言，这一点至关重要，因为社区商业道德标准的设立及 KKR 与当地监管机构目标的一致性，为与政府的合作和新型投资创造了良好机遇。

KKR 在中国的全球性与本土化理念

了解当地文化和社会问题是 KKR 本地市场投资中关注的主题。在亚太地区，几乎所有的 KKR 专业投资人士均为本土居民，因此，KKR 可以充分获得业务市场的语言、文化及地域相关知识，加上依托于公司在资本提升价值领域上的全球性业务布局和专业技术，KKR 从全局出发的全球性 / 本土化理念能有利于推动公司的未来发展。

KKR 中国总部位于北京，本土专业投资人士与企业所有者建立了良好的合作关系，并为其在公司扩张、合适资本结构的选择、供应链及最佳运营实践方面出谋划策。KKR 覆盖高达 30 个行业的全球投资伙伴网络进一步加强了业务的开展：中国最大的脐带血库运营商——中国脐带血库企业集团便是美国 Biomet 和瑞典 Ambea AB 医疗保健公司投资案例的受益者。

另外，由于中国资本市场正处在发展阶段，KKR 集团高管认为这是民营资本填补市场空白的良好机遇。这一点与 KKR 的投资理念完全吻合，包括医疗保健与物流运输在内的中国新兴服务业存在大量机遇，此类消费驱动型业务具有长期增长潜力，而 KKR 的资本支持以及专业人员的关系网可提供相关专业咨询服务，将为各公司提升业务水平提供必要的工具。

此类核心投资理念为一系列标志性或创新性投资提供了机会，其中包括为中小型企业提供服务的中国领先金融租赁公司——远东宏信、中国第一个大型牛奶生产企业——现代牧业，以及依托于先进的膜技术的中国水处理行业领先者——联合环境技术。

社区责任

在中国，一些公司同样能够对私募股权投资者产生深远影响，与这些公司的合作使得对公司治理的管理与责任型投资显得更为重要。

截至 2013 年年底，仅在大中华区，KKR 的投资合作伙伴的雇员数量便超过了 28 000 名。从投资开始到 2013 年年底，KKR 的投资协助创造了近 8 000 个就业岗位。KKR 的决策已对其投资公司的员工、家庭及社区的生活产生重大影响。在实行企业管理方面，KKR 和其私募股权投资同行应尽到应有的责任。

道德投资和企业管理理念贯穿于企业环境管理的方方面面，如水资源、废物和能源利用，企业与员工和供应链的合作等。KKR 注重公司治理的透明度和实施流程以及对员工的包容性。这些方面对组织整体的良好运营以及公司员工自身存在显著影响。

同样地，各国政府也日益认识到企业在解决社会需求方面的巨大推动作用。了解公众利益可以为 KKR 在中国、亚洲及全球范围内的投资提供环境背景信息。同时，通过为重大社会问题提供解决方案，KKR

寻求与各大企业进行合作。

KKR 为中国提供解决方案的投资方式通过一系列合作伙伴关系得到认可，其中涉及食品安全、环境污染及经济包容性。经过多年发展，在责任投资理念的指引下，KKR 已经树立其作为解决方案供应商的良好形象，为投资迎来众多新机遇，这对继续加强与监管部门、国有企业及社区领袖之间的关系奠定了基础，继而也创造了更多投资机会。对于 KKR 及其企业经营与业务所在地而言，这无疑是一个成功的策略，而这种模式同样可以被其他寻求更多机遇的投资者效仿。

关注食品安全

在责任投资领域，KKR 在中国最早的业务实践之一是与现代牧业的合作，在消费者对乳制品信心低迷之际，现代牧业在帮助建立中国乳业高安全性标准方面做出了卓越贡献。

现代牧业的前身为马鞍山现代牧业有限公司，是中国一家提供安全、健康乳制品的大型公司。2008 年 12 月，KKR 首次投资约为 1.5 亿美元，并获得现代牧业少数股权。当时，全国各地的小型牧场和养殖户从事中国大部分的乳制品生产，在这样一个系统中，消费者很难追踪奶品的安全性与质量。因此，在乳制品行业走上整合阶段之际，KKR 看到了机遇。

然而，2008 年三聚氰胺事件使得人们对食品安全的担忧再次升级。随着婴幼儿配方奶粉污染事件的曝光，人们发现中国乳品供应链存在严重的污染问题。该事件最终导致 6 名儿童死亡、数百人住院。人们对新鲜、健康、可靠的乳制品的需求上升到前所未有的高度。

为解决此类问题，现代牧业于 2005 年创立，致力于打造管理专业化、规模化的乳业公司，进而满足公民对安全、高质牛奶的需求。此时，KKR 公司看到了将全球最佳实践引入中国乳制品行业的良好机遇，并积极协助乳制品行业的整合，同时也看到了自身理念与现代牧业核心理念之间的一致性。

为达成现代牧业提升乳制品质量、实现现代化生产的目标，KKR 为该公司提供核心业务、专业技术及资金方面的支持。此外，来自 KKR Capstone 的一支专门效力于 KKR 所投资公司的独立的业务改进专家团队，与现代牧业管理团队进行了长达 16 个月的现场作业，以确定并实现提高运营和生产效率的相关工作。与此同时，在 KKR 和 KKR Capstone 专业人士的协助下，现代牧业在公司管理、绩效监控、资金预算、内部流程及风险管理等方面均有所改善，这再次验证了 KKR 的业务宗旨，即提升所投资公司的运营价值。此外，KKR 与现代牧业还在环保事业方面进行了合作，目标是帮助现代牧业每头牛至少减少 10% 的电力与水资源消耗，并提高沼气发电的利用率。

除帮助现代牧业实现长期运营目标外，KKR 也为该公司维持严格的牛奶安全和质量控制标准提供指导。KKR 团队从加强现代牧业在疾病和食品安全监管措施方面的关键绩效指标和管理层激励计划开始，并成立了一个外部顾问委员会，针对疾病预防和食品安全实施了更为严格的标准作业程序。经过努力，牛奶的细菌数减少了 80%，达到了中国国家标准的 1/200 水平。

面对行业整合大潮，现代牧业抓住机遇实现了扩张。2008 年，现代牧业仅拥有 24 000 头奶牛和三个牧场；五年后，现代牧业已发展成为拥有约 18 万头奶牛、22 个牧场的大型乳业集团。在巴氏杀菌和疾病控制方面，每个牧场均采用相同标准进行设计，使现代牧业的牛奶生产信息更容易追踪，供应链管理更加透明，从而确保能生产出更安全、更优质的产品。

现代牧业的成功表明，在帮助中国实现更安全、更健康的乳制品生产方面，KKR 无疑是首选的合作伙伴。即使在 2014 年，中国奶牛养殖行业依然处于分散管理的不发达状态，安全、健康产品的生产目标的实现依然任重道远。通过生产过程中的严格把控，KKR 的协助对现代牧业达到国际最佳实践的标准产生了一定的积极影响。

从现代牧业到亚洲牧业的发展

2013 年，在与现代牧业强力合作的基础上，KKR 公司牵头成立了一家全新合资公司，为中国消费者提供高质量的生鲜牛奶，并继续在乳制品行业推行最佳实践。

这家合资公司名为亚洲牧业（Asia Dairy），亚洲牧业在意识到优质奶制品仍存在强大的社会需求的同时，进一步为同行提供了可复制的运营模式。与现代牧业一样，亚洲牧业致力于采用相同标准的养殖模式，以加强每一个牧场的乳制品质量监管的透明度。2013 年 9 月，欧睿国际（Euromonitor）的数据显示，在过去 5 年中，由于消费者持续关注食品安全且健康意识不断提高，其对高质量乳制品需求的复合增长率为 34%。然而，尽管增长强劲，但相比日本的 32 千克和美国的 78 千克，中国的人均液体奶消费量低于每年 10 千克。

对于全新的合资公司而言，通过与现代牧业的合作，KKR 集中施行了众多成功举措。具体来说，KKR 帮助制定了一项发展计划：在两年内建成两个容量为 10 000 头奶牛的牧场。牧场位于中国山东省商河县，该地气候适宜奶牛养殖，并可享受当地政府的大力支持。

同时，亚洲牧业计划购买现代牧业因畜群自然生长而产生的多余奶牛，并允许现代牧业于三年后购回合资农场。此举有助于推动现代牧业的长期发展，并为亚洲牧业收购及养殖最健康的奶牛提出了明确规划，同时也为亚洲牧业实现为中国消费者提供安全乳制品的目标奠定了基础。

此外，KKR 持有亚洲牧业 61.5% 的股权，这标志着 KKR 首次持有内地公司的多数股权。从某种程度上来讲，在监管部门、各大企业及地区领导见证了现代牧业对中国乳制品行业的影响以及私募所带来的资本增值是如何推动其成功后，这一难得机遇是具有可行性的。

从乳制品行业到肉食行业的过渡

秉承为中国消费者提供安全食品的宗旨，KKR 于 2014 年牵头财团投资了中粮肉食，该公司为中国国有中粮集团子公司，致力于为消费者提供安全、健康的肉食产品。

值得一提的是，由于猪肉占中国消费者肉类消费量的 70% 左右，中粮肉食的关注重点是生猪养殖，这也是中国的主要产业。同时，中国消费并生产全球约 50% 的猪肉，即每年约 5 500 万吨，而美国每年仅约 900 万吨。然而，与乳制品行业一样，继一系列猪肉安全事件遭遇审查之后，中国的猪肉行业也引发了公众和消费者的关注。由于消费者对安全猪肉的需求增加，KKR 计划利用其往期业绩和运营经验为此类问题提供解决方案。

改革生猪养殖模式一直也是中国监管机构的关注焦点。如今，中国大部分猪肉加工商不具备圈养式生猪养殖场，这很容易导致问题生猪出现在供应链中，也是引发大多数猪肉安全事件的原因所在。因此，与现代化大型养猪场的垂直整合是中国生猪产业目前的发展方向。

中粮肉食是当下中国为数不多的经过业务链垂直整合的企业，其目的是通过销售高质量的品牌猪肉产品来提高客户信任度。凭借其新投资者的资金和流程指导，中粮肉食制定了扩张计划，即兴建三个新生产基地,并将生猪总产量从2014年年初的140万头提升至2018年的490万头。

类似于与现代牧业和亚洲牧业的合作，KKR 积极寻求参与中粮肉食业务的机会，以帮助其实现增长计划。这一技术援助涵盖饲料和药物的采购计划和管理，并创建了一个协议框架，以维持较高的食品和工人安全标准。援助还涉及科学的农场设计的施行、全面的疫苗计划及严格的疾病控制系统，这些举措有助于改善中粮肉食目前的管理措施，如为每个农场配备兽医、为生猪进行日常健康检查等。

由于每家中粮肉食的农场设备采用同一设计，并遵循相同的管理程序，这就使得每家农场易于生产相同标准的产品，管理人员也可以更轻松地确保食品符合卫生标准。

KKR 与中粮肉食在农业专业技术方面的合作关系为 KKR 与中粮集团的合作奠定了基础。早在 KKR 将现代牧业部分股权出售给中粮集团旗下公司时，这家国有食品生产商便与 KKR 有过一定的接触。中粮见证了私募股权投资如何为公司带来增值，以及如何为核心产业带来创新解决方案。

关注水处理

目前，中国政府面临的另一项重要任务是污染防治，污水处理则是重中之重。中国是一个拥有十几亿人口的大国，因此，社区、企业及制造商亟须大量干净的水资源才能加速发展。

鉴于水处理解决方案开发的紧迫性，联合环境技术（UEL）等公司将发挥主导作用。联合环境技术是中国领先的水处理和循环利用解决方案供应商，同时还是中国依托于先进膜技术的水处理行业领先者。KKR于2011年10月首次投资于联合环境技术，并于2013年3月追加了投资。

双方之间的合作使联合环境技术和KKR有机会参与中国水资源行业的扩张与成长。从2002年到2012年，中国的污水处理能力从每天3 000万吨增加到每天1.36亿吨——虽然增长迅猛，但渗透率仅有40%，而发达国家则大于90%。

在未来5年内，政府已承诺投资690亿美元用于水处理，并将以身作则：为防治水污染，国有企业已采用创新系统。近年来，中国政府已将七大流域的污染列为“最高级别”污染，超过3亿中国人无法获得安全饮用水。因此，上述举措的实施迫在眉睫。目前，联合环境技术已被由中海油和中石化管理的国有污水处理设施所采用，这一点也证明了政府对水处理的重视。

为满足居民对清洁水的需求，KKR和联合环境技术已集中进行研究与开发，以便提供创新解决方案和专业技术并设定了积极的市场标准。其中，联合环境技术采用膜技术为政府和工业污水处理项目提供工程服务，同时也在中国各地运营污水处理厂。此外，KKR和KKR Capstone协助联合环境技术CEO林玉程博士—— 一名生于中国、求学英国的工程师，建立绩效管理体系，以持续改进公司运营；并实施高效管理激励计划，以实现产品和技术创新。依托于 KKR 的投资，联合环境技术的营运水厂已从原来的 13 家增长到 2013 年年底的 26 家。

此类合作也对地方政府产生了影响：民营资本进入这一行业，通过减少污水处理厂的市政土地需求量，缓解了地方政府的预算压力，并降低了由传统陈旧的处理设施所导致的危险渗漏的可能性。

对中小企业的扶持

在中国的责任投资不仅应以环境管理为中心，同时还应注重对中小企业的扶持，这类企业推动着国家的创新与就业机会的增加，但却在融资渠道上备受限制。

远东国际租赁有限公司的目标就是填补这一市场空白。远东租赁是一家为中小型企业提供创新融资解决方案的主要供应商，该公司业务定位于具有稳定现金流和持续增长潜力的行业，包括医疗、印刷、教育、基础设施建设、船舶和机械设备行业。

就中国企业而言，这是一个有趣的细分市场，由于面临更高水平的不良贷款，监管机构和央行正在试图减少企业对国有银行的贷款依赖，转而探寻更多样化的贷款可能。国有银行由于不良贷款比例的上升，因此对小型企业融资抱迟疑态度。这些商业银行历来倾向于对资金雄厚的国有企业发放贷款。而由于中国的股权和债权市场尚未对小企业融资者开放，中小企业仅能通过借助影子银行有限的融资渠道获得资金，通常只能从信托和第三方贷款人处融到最多 20% 的资金。然而，随着监管机构不断对影子银行加强监管，因此对中小企业而言，就连这一渠道也正在关闭。

据中国财政部预计，中小企业创造了全国约 80% 的新增就业岗位。尽管如此，对它们而言，融资挑战依然存在。然而，远东国际租赁为国有商业银行和影子银行体系提供了替代方案。

2009 年，KKR 及其附属财团首次投资于该公司，当时，远东国际租赁有限公司的多数股权由国有中化集团持有。2011 年，KKR 追加投资。在推动该公司发展的过程中，KKR 协调与决策者在支持中小企业非银行融资方面的利益，还帮助该公司投资于亟须资金的成长型中小企业。

总体而言，KKR 认为，为社会和政府所面临的问题提供解决方案是非常重要的业务发展模式。同时，这也创造了机遇：获得社区、地方及地区政府的大力支持有利于加速审批流程、拓展业务及开辟新的增长渠道。也就是说，KKR 并非仅是服务于企业的解决方案提供商，而应放眼业务运营所在的当地社区。

KKR 认为，在中国，在民营资本越来越多地获得推动社会积极发展的重点行业的青睐的市场中，成熟的利益相关者参与并管理公司治理议题是重要的业务发展方向。在多变的投资环境下，成熟的投资策略对企业长期发展的重要性日益凸显。

展望未来，公司治理和责任投资将继续成为 KKR 的业务方向，也将是 KKR 集团不断拓展的领域。KKR 集团成员将继续利用其经验，帮助企业最大限度地减少对环境的负面影响，同时持续关注社会焦点并致力于提供相关的解决方案——然而，这仅仅只是开始。

此外，KKR 集团成员希望其为中国企业所做出的积极贡献能被其他企业所有者效仿——不论是国际私募股权投资者，还是当地中小型企业。关注公司治理议题可推动建立更强大的社会并设立行业标杆，同时，专注于能够促进核心问题解决的领域也有利于改善财务情况。

KKR 渴望直面现代社会的挑战，培养卓越的运营能力，以推动企业实现更长远的业务目标。最后，通过造福更广泛的社会大众，为企业与投资者创造可持续的价值才是最终的双赢战略。

附：什么是“ESG”？

环境、社会和公司治理（ESG）议题千差万别，涉猎众多，比如公司如何处理其业务对社会环境的影响、公司与员工及供应链的合作方式，及公司治理流程中的透明度与诚信度。

这些议题可直接或间接地影响到一家公司的盈亏，如原材料或劳动力成本（直接），或利益相关者等因素，包括员工、投资者、监管机构或社区（间接）。总之，这些议题可在长期或短期内对一家公司的整体运营情况产生显著影响。

对于不同公司而言，ESG 议题与公司业绩之间的相关性有所不同，主要与行业、地域及利益相关者有关。

什么是责任投资？

KKR 在创效投资领域的丰富经验推动了 KKR 与当地监管机构的合作、改善了投资组合公司的资产负债表，并促进了当地环境和社区的发展。我们很幸运能有机会探索 KKR 业务性质，即价值增值的创效投资，但我们希望，KKR 可成为其他金融公司的研究案例，帮助它们寻求商机、拓展业务，同时帮助它们建立自己的可持续价值投资的业务标准，并推动其普及。

很显然，业务发展和环境影响是相辅相成的。责任投资并非仅关乎市场营销，也不仅仅是一项美好之事——其对公司运营至关重要，对于希望同时做到经营创益、做强企业的公司而言，责任投资是重中之重。

MANAGING ASSETS IN A NEW AGE

17

金融行业在中小企业创新与成长中的作用

克里斯托弗·洛克
英国剑桥大学贾吉商学院院长

本文首先介绍了金融机构投资中小企业的现状。接着讲解了投资中小企业存在的风险与挑战，并对此提出了解决方案：在各个领域全面创新。针对单个中小企业融资金额太小的问题，可将中小企业按照行业、地区等分类，将其融资需求集中进行处理；针对信息不对称问题，可通过与地方性老牌银行合作、夹层融资或股权融资、从供应链上其他相关企业获取信息、与政府合作投资等方式解决；针对中小企业融资成本高的问题，可通过渠道和过程创新解决，如信用评级、滚动信贷、优化流程等均可降低融资成本。

克里斯托弗·洛克

英国剑桥大学贾吉商学院院长

克里斯托弗·洛克（Christoph Loch） 剑桥大学贾吉商学院院长，管理学教授。专长研究企业创新问题，包括产品、流程和实践的创新，尤其对企业实现基层实践创新而非宏观战略创新有独到见解。洛克是田纳西大学工商管理硕士，斯坦福大学商学院博士，备受赞誉的创新领域专家，教育软件公司 Prendo 非执行董事。他曾担任世界最大独立商学院之一——欧洲工商管理学院博士项目主任，运筹学和管理学研究协会《行为运作管理》（*Behavioral Operations Management*）期刊负责人以及《管理科学》（*Management Science*）期刊专栏编辑。进入学界前，曾供职于西门子公司、麦肯锡公司。

英国剑桥大学贾吉商学院（Cambridge Judge Business School） 成立于 1990 年，它不仅是剑桥大学管理学领域的教学研究中心，也是全球管理学研究某些重点领域的佼佼者。贾吉商学院是国际公认的提供创新、知识挑战与应用管理教育的重要机构，其 MBA 课程在英国乃至国际排名中均有不错表现，在《金融时报》2008 年 MBA 项目的排名上，该学院位于英国第 2，全球前 10。

投资中小企业的风险

中小企业是否有投资吸引力？首先要定义何为中小企业。有人认为，人数小于 250 人的企业可以被视为中小企业，但我要把人数扩展到 500。很多人认为中小企业不透明、不可靠、经常传出坏消息且政府支持力度小。但中小企业占中国经济总量的一半，是不容忽视的经济力量。之前的政策偏向为国有企业融资，但现在政策的趋势正在改变。国有企业发展放缓，时有负面消息传出且没有有效使用资金——不能再带来增长机会，吸引力减弱。因此，如果投资目标是追求回报，那么，就可以考虑投资中小企业。

但是，投资中小企业仍旧是有风险的。

第一，中小企业目前虽不为金融行业重视，但发展迅速，所以，中小企业必须另辟蹊径，通过其他渠道来融资。不过，另类渠道比银行等主流金融机构渠道的融资成本高。如果中小企业能够从成本更低的主流渠道融资，将发展得更加迅速。因此可以说，主流金融机构已经错失了投资中小企业的机会。

第二，一些经济学家认为，中国出现了资金错配现象。资本过多地流向国企，资金效率得不到保证，国家对中小企业重视不够，导致房地产泡沫、楼市调整。为什么人们把资金投向国企或房地产？是因为风险低吗？并非如此。

第三，主流金融机构理财产品通过重新打包后，资金最后流向中小企业。打包看似对银行没有影响，但风险最后会转嫁到银行等主流机构上。美国金融危机就是一个例子，有些看似风险低的投资实际上并非如此。中国现在的金融系统能够规避风险吗？也不一定。所有风险都与中国近几年的资金流向有关。

中小企业面临的难题

如果想要避免这些负面趋势，选择投资中小企业，境况会有所不同吗？有资料表明，投资中小企业的机会仍旧很大。

麦肯锡做了一份关于全球中小企业服务情况的调查。研究表明，金融行业并没有为中小企业提供充足的服务。中国金融业对几百万中小企业的金融服务不充分，但这并不是中国独有，全球都存在这一问题，如韩国、印度、中东和非洲都存在这样的问题，连美国和欧洲都不能避免。主流金融机构都忽视了中小企业所能带来的商机，如果在这方面能有所改变，将会是一次巨大的商业机会。

为什么不同国家都存在着对中小企业金融服务不到位的问题？其中存在着系统原因，中小企业板块的特点在各国都大同小异。首先，向中小企业发放贷款成本太高，单个交易额太小，银行认为无利可图。其次，中小企业的地理分布分散，难以形成集聚效应，而有些地区因人口少而无法设立分行，所以就很难提供到位的服务。最后，信息不对称，中小企业往往欠缺监管，它们常常不发年报，所以，违约风险较高。

同时，中小企业也是银行的客户，在现金管理、开户等方面存在业务联系。但那些愿意为中小企业提供服务的银行却将中小企业视为摇钱树，收取高额费用，又不提供贷款。中小企业欠缺到位的金融服务，这一问题普遍存在于很多国家，至少欧洲存在这样的现象。就这一点而言，其他国家和中国没有太大区别。

中小企业潜藏着巨大的商机，但并不好获得。若想要了解商机在哪里，就必须先考虑中小企业面临什么挑战；若想知道如何提供服务，就要了解它们需要什么帮助，即中小企业除了缺钱还缺少什么。答案是，缺乏资源。同时，很多高素质人才都倾向于涌向大企业。因此，中小企业往往会在人才招聘上遭遇困难，既缺钱，又缺人。

但中小企业往往有一个强项，那就是其管理能力更加灵活。它们以客户为中心提供服务，因为除了顺应客户要求之外它们别无选择，而大型企业则不需要唯客户是从。但中小企业普遍的弱点是，战略愿景多变，缺乏系统性的战略决策；研发环节薄弱，为了回应客户要求而屡屡对产品做出改变，却很少关注中长期的发展策略。中小企业常常处于“救火”状态而不擅长着眼于长期，面向未来。因此，中小企业更加脆弱。

此外，中小企业的流程一致性很差。以我之前工作过的一家公司为例，这家小公司发展迅速，很快成为一家大公司的收购对象。但当大公司的相关人员到小公司视察时，却发现每个人都只在意自己的行为方式、办事风格，上下缺乏一致性。在资源本就短缺的基础上，却存在浪费现象。很多国家的中小企业都面临着上述问题，这是企业结构决定的。如果能理解这些问题，就能够找到金融机构帮助中小企业发展的方法，从而将问题转化为商机。

解决方法与创新

那么，应该怎样通过访问的形式来系统性地了解中小企业的发展状况、强项与弱项呢？或者，如何决定是否应该向中小企业贷款或者直接参股呢?

小型公司的战略通常能够通过系统性分析来决定，而不是拍脑袋决策，其中有三个重要流程是所有企业都会面对的。第一，产品开发：如何提供新产品。第二，流程改进：如何确保企业不会停步不前而始终保持竞争力。第三，如何协同供应链的其他环节为客户提供服务？如何与客户的IT部门、材料供应商和运营服务外包商合作以便提供更优质的产品与服务？这些依赖于企业发展人力资本的能力，同时也与企业的管理能力有关。另外，技能培训对于中小企业而言也很重要。决策权下放是另一个问题——决策权是由上层完全垄断还是均匀分配给各个部门层级？跨部门合作的执行情况如何？这些概念看似简单，但非常重要。用这种方法分解组织，用这些问题收集信息，就能更全面地了解公司的情况。例如，你可以走进一家企业，问问它的高管层，再问问底下的员工，公司有什么发展战略？是否清楚自己的发展方向？这样就很容易了解到这家企业“一致性”的实际情况。

再举一个我曾工作过的公司的例子，这家公司的最高管理层对他们的业务引以为豪，认为他们有最好的关于公司战略的幻灯片展示，非常具有吸引力。但公司底下的人却不知道幻灯片讲的是什么，也不知道高层在做什么。因此，上下级的行事方式存在极大差异。最终，这家公司的管理层被解雇了。如果你自上而下访问整个组织，而不只是着眼于高层，就很容易发现类似的问题。

另一个问题是，公司的流程怎么样？企业运作有没有得到改善？绩效考察的结果如何？这些问题都与企业管理息息相关。员工能否解释清楚高管层的行为和执行情况？公司是否知道他们在做什么，为什么这么做？通过这些提问，就可以发现这个组织是否上下一致，组织部门间是否有很好的合作。企业的制造部门、研发部门、销售部门愿不愿意放弃本部门的利益来维护整个集体的利益？有时候，高层领导人会说，公司确实有战略，大家都在向同一个方向努力着，但实际上，底下的部门却有自己的另一套目标和部门利益。

最后一个问题，员工是否能有效地参与工作？员工是简单地满足订单需求还是能够时常发挥主动性？员工能否自下而上解决上层解决不了的问题？我曾在一家企业的呼叫中心问过一个接线员：如果你不知道如何回答客户的问题，你会怎么做？她说，我什么也做不了，我会等老板告诉我怎么做，然后按照老板的方案去执行。这实际上说明，员工的才能并没有得到充分发挥。

以上问题是为了说明收集中小企业信息的方法，并在很短的时间内找到问题所在。这种方法能够帮助我们系统性地收集信息，减少信息不对称现象，且不必付出很多精力。然后再把信息整理到数据库，协助决策。

这种方法已经有公司实践过。举个例子，德国有一家叫作 Tim 的银行，是一家消费信贷组织，客户信息很不透明，并且容易出现违约。尽管客户还款能力很弱，但这家机构却成功地脱颖而出。它是怎么做到的呢？秘诀就在于这家机构能够在德国推出最“公平”的产品，其卖点是“公平性”。“公平”不只是口号，而是一以贯之的原则。

这家机构的网点很少，但却有很多合作网点通过网银也可以申请贷款。产品在一开始就体现了公平性，客户在申请信用卡之初就享受到了灵活的待遇。若有财务问题导致客户无法还款，灵活的机制也可以延长还款日期；如果客户遇上麻烦，需要两个月才能还款，这家机构也会向消费者提供很好的保护措施。银行宁愿牺牲收入，也始终以保护客户为重。如果客户不得已两个月后才能还款，那么，银行也会答应将还款期推迟两个月。消费信贷公司的信用卡可以用来购物，但使用信用卡往往很危险，因为穷人缺乏对其偿还能力的正确判断。同时，这家银行还会给消费能力较弱的客户提供理财咨询。

此外，一旦客户出现财务问题，银行也会帮助其渡过难关。假设客户在最后清算时刻仍旧无力偿还，银行还是会给客户机会以避免其诚信记录受损。这听起来似乎要付出很大的代价，但银行有高效的执行流程，如呼叫中心、不设分支、赋予员工决策权，这样员工就能反映出领导层看不到的问题，也可以使决策权分散，使员工有更大的权限帮助客户。虽然该银行会比其他银行收取更多的利息，但客户实际上并不那么在意利率本身，因为他们很可能 5 年后才发现利率的问题。这家银行提供的虽然不是最廉价的服务，但违约率只有 50%，这使得其利润可观。“公平”本来就是个很虚幻的概念，银行向其他机构不会受理的穷人客户提供贷款，将别人忽视的机会转化为商机，创造了新的商业价值。

中小企业缺乏资金，金融机构应该用创新的视角提供服务，这种思路其实早已存在，其原则就是创新，即改变原有提供服务的方式。创新能够解决上述提到的问题，如交易额过小、信息不对称、成本过高等。

首先，中小企业贷款额度偏小的问题。要解决这一问题，可以不单单针对某一个中小企业，而是将多家中小企业打包形成池子。比如说，东北、内蒙古的每一家中小企业规模都很小，我们可以将数十家企业集合起来，使它们结成池子，互相帮助，形成集体，再向它们集体贷款。这有点类似于发展中国家中向贫穷个体提供的小微金融服务或发放小微贷款。通过集合小企业，使企业间利用自身的关系网络相互帮助、相互监督，形成借款人之间相互保险的机制。如果一个地区内的小微企业都能够互相认识，那么，就可以形成类似的机制——向中小企业贷款，并利用它们之间的相互熟识来进行监督与保障。另外，还可以将提供金融服务与咨询服务嫁接起来。银行通过加强对企业的了解，提醒它们没注意到的地方，用专业知识来协助企业进行决策。就像注册会计师可以与咨询行业相结合一样，这一方法可以从试点开始，之后慢慢推广。

其次，信息不对称问题。怎样了解中小企业的信息？怎样掌握它们的信用风险？德国在 30 年前有一套银行系统——当时德国大银行有很多银行家穿梭在小城市之间。这些银行家认识所有的小企业主，对他们的底细了如指掌，也知道投资风险在哪里。现在，德国银行界已经对这套系统弃之不用，因为成本太高。但是，改革后银行的利润反而不如以前，所以这也证明，曾经的银行家系统仍有其用武之地。除了向企业发放贷款以外，是否可以持有企业股份？虽然银行持有企业股份的风险很大，但这样做就能够进入董事会而获得知情权，从而更深入地了解企业情况。花一天的时间与企业保持深度交流、查看财务报表，就可以在很短的时间内管中窥豹，认识到企业的整体情况，且快速的尽职调查成本并不高。另一个方法是对中小企业进行培训。有时，中小企业的违约情况并不是因为它们道德有问题，而是因为接受的培训不充分，它们不知道专业的风险分析评估方法，对自身的财务能力也没有清楚的定位。因此，可以为它们提供咨询服务，培训它们如何了解风险，一点点培训就有可能让中小企业成为值得信赖的客户。再者，还要善于利用政府信息。政府有很多关于中小企业财务、人力方面的信息。政府对支持中小企业的发展很感兴趣，充分利用政府信息也是缩小信息鸿沟的方法。

再次，是成本问题。向中小企业贷款的成本高，是因为它们的交易额低且分散。有一种已经被成功使用过的方法可以解决这个问题——信用评分。在一个由标准化信息组成的数据库中，可以通过比较大概定位出自己的违约风险。我在英国的一些投资经历也遇到过一些不快。当时我是剑桥大学的教职员工，工资收入也算可观，但当我去银行申请贷款时，他们却说，你是外国人，我们不想和你打交道。最后我费尽周折，找到剑桥大学的首席财务官，他跟银行打电话，才同意给我贷款。这是一个很糟糕的信用评分体制。而德国 Tim 银行却有着很成熟的信用评分系统，这套系统主要参考了非标准化的客户信息，所以对消费者信用的预测相对灵活、较为准确。在为中小企业提供金融服务方面，也可以采用同样的方法。信用评分，就是在短时间内能够实现的对公司进行诊断的方法。另外，设立分支机构会增加成本，但客户可以在网上交易，许多信息都可以在互联网上获得。例如，尼日利亚的银行知道怎样利用互联网向中小企业发放滚动贷款，这种方式能够精简部门，大大降低成本。如果网上贷款仍旧不足，还可以利用流动代理人。他们可以与客户面对面交谈，搜集信息，建立网上数据库。这些流动代理人甚至可以获得部分决策权，以一种类似于德国老银行家体系的制度来对客户的信息和需求进行灵活处理。

最后，简化流程非常有必要。放贷 20 000 美元需要 6 个部门盖章，这确实非常不便。

以上方法并非我的发明，它们在不同的金融机构已经存在，中小企业可以选择不同类型的贷款，如简单贷款、长期存款和特殊贷款，等等。总的来说，贷款业务仍有 30% 的增长空间。实际上，麦肯锡发现的创新途径比我上述的还要窄得多。因此，机会还是很大，只要善于利用，就能转化为财富。

中小企业风险大，声望欠佳，但为什么我仍旧鼓励大家和它们打交道呢？实际上，中小企业市场有巨大的盈利空间，只是没有被很好地利用。但市场在变，机构在变，技术在变，抓住机会的关键就是创新。这就要求我们改变和客户打交道的方式，改变和客户互动的方法，改进内部流程。一切变革的核心都是创新。所有经济部门只有创新，才能不断发展，并从中获益。金融行业需要创新，如果因为惧怕风险而不敢尝试，将会比尝试后的失败失去更多机会。如果开始尝试，即使有风险，即便最后失败了，也不会付出太惨重的代价。但如果现在把机会拱手相让，别的国家就会先发制人，就很难再赶上。

Q&A

问：当前中国正处于支持中小企业发展的阶段，但市场却在引导银行不向中小企业提供支持，似乎是背道而驰的。比如，中国农业银行减少其在农村的业务而走向城市。对于这种情况，地方政府能做些什么？

答：关于政府能做些什么，可以举例来说，美国政府有一个政策，在所有政府采购或投资项目中，必须有一定百分比的业务交给中小企业。美国国防部的 20 亿美元订单中，有 10% 会交给中小企业。所以，政府采购确实在引导行业趋势中发挥了重要作用，给中小企业很大的权利。英国政府也有类似的规定。英国政府向银行施加压力，要求其通过非正式渠道给中小企业提供贷款。英国政府告诫银行，如果它们不为中小企业提供融资服务的话，银行可能会遇到麻烦。但实际上，英国政府这种方法不太有效。英国银行还是一如既往地寻找借口性项目表示它们已经为中小企业提供了服务，以求蒙混过关。虽然英国的银行看似完成了政府交付的任务，但实际上给中小企业的服务并未落实。所以，政府不能逼迫银行去做些可能亏损的事情，而应该营造有利的投资环境，使金融机构自愿地利用商机，这会比政府强行介入更有效。

问：在中国市场环境下，应如何控制向民营企业贷款的风险？比如，有些中国民营企业家可能拿了钱之后就跑到国外不回来了。如何规避这种风险？

答：有几个层面可以解决这样的问题。第一是国际标准层面，国际标准化组织通常有ISO标准来描述风险管理系统如何运作。但这是最高层的行业标准，所以，不是所有的企业都能做到。第二是行业协会标准层面。例如，行业协会要求企业参加风险管理课程，并以此作为批准贷款的条件。第三是一些小企业没有正式的风险管理系统，但我们可以成立专家团队，准备一系列问题，到企业中去采访它们的员工，替它们梳理风险、制定战略，这虽是临时措施，但至少也是应对之道。这三个层面的措施应结合起来使用，在监管力度小的行业中，中小企业应根据行业特点来制定风险管理策略。

MANAGING ASSETS IN A NEW AGE

18

资产管理的所有权模型

陈瑞轩
Casey, Quirk & Associates合伙人兼亚太区总裁

就全球而言，资产管理行业盈利可观，尤其是中国和其他亚洲地区有着巨大的潜力。随着来自新兴市场卖方需求的不断增加和资管公司成本的增加，机构投资者也越来越倾向于内包业务。一个成功的资产管理公司所具备的因素包括投资、配销、员工薪酬和所有权，特别是员工的薪酬部分对资管公司的运营起到至关重要的作用。通常情况下，一个资管公司能够保留住的专业投资员工数量越多，那么公司业绩的增长率也就越高。资管公司在三种不同所有权模式下各有利弊，相比之下，上市公司有着最高的资管管理增长率，但也面临着来自国内连续增长、国际增长前景、继任问题和人才保留的挑战。

陈瑞轩

Casey, Quirk & Associates
合伙人兼亚太区总裁

陈瑞轩 Casey Quirk & Asscciates 合伙人兼亚太区总裁，负责 Casey Quirk 的客户服务关系以及亚太区的持续研究工作。他还担任另类投资经理团队的实务主管，并曾在业界刊发多篇文章。

Casey Quirk & Associates 规模最大的管理顾问公司之一，致力于为世界各地的投资管理机构提供业务策略咨询。它是一家美国私人合伙制公司，在纽约、康涅狄格州和中国香港均设有办事处。从业经验丰富，涵盖全球各主要企业类型、资产类别和行业市场板块，客户包括大部分的全球 50 强投资管理公司、设有大型资产管理子公司的全球银行和保险公司、领先的对冲基金、私募股权基金以及房地产公司和涉及行业交易的顶尖私募股权基金公司。

不断变化的商业环境

如今，资产管理行业正面临着巨大的变化。变化的第一个来源就是资本。从历史上来看，资产管理人资本增长的最重要驱动便是退休基金制度的兴起。养老基金和其他退休投资池中资金的增加，例如美国401(k)和澳大利亚的养老金，促进了资产管理行业的大幅增长。结果是，资产管理行业在全球范围内管理着近56万亿美元的资金，并为大型资产管理公司提供了高利润空间。Casey Quirk的最新调查表明，2013年，资产管理规模超过250亿美元的管理人的平均税前利润率达到32%。

但是，由于资产管理服务最大的成熟市场出现了人口老龄化问题，当下正面临着严重的人口压力。这些成熟市场包括美国、日本和大部分欧洲国家，老龄化人口开始从基金产品中撤出资本，这导致了往这些国家注入资产管理行业的新的资产流量的下降。与之前相比，过去5年这一趋势对资金流入率的下降产生了重要影响，但管理人的盈利性部分仍反映了2009年之后成熟市场的坚挺表现。这使得资产管理的总规模持续增长，反过来降低了低流入量到目前为止所产生的影响。在全球范围内，大部分资产管理行业的收入都依赖于成熟市场。人口压力对于资产管理人是第一个巨大的挑战。

同时，像中国和拉美这类比较年轻的市场都会适时发展自己的退休基金制度，这促使了该行业的持续发展。到目前为止，这些新兴市场的总规模远小于成熟市场。最大的“新兴”市场，也就是中国和巴西，这两个国家的基金资产总额约为2.6万亿美元，仅占全球总量的5%。尤其是中国，我们可以观察到在企业年金方面，退休基金制度的起步会成为国内资产管理人最重要的资产来源。

变化的第二个来源是超大型的资产所有者，例如主权财富基金和大型养老基金如何管理它们的资本。超大型的资产所有者会越来越倾向于内包资产，这意味着聘用内部团队而不是依靠外部资产管理公司来管理资产。这种变化背后的主要动机是大型资产所有者希望减少支出费用。例如，根据中国自有主权财富基金发布的最新数据，中国投资公司内包资产所需支付的管理费约为3个基点，比外部资产管理人通常的收费低很多。虽然这种内包趋势只影响了大型机构，但我们预估，目前这些机构所控制的付费资产总额超过7万亿美元。许多只为大型客户提供服务的资产管理人很可能会因为这些大型客户开始减少资金的外部管理而遭受损失。因此，内包成为成熟市场中资产管理公司的第二大挑战。

变化的第三个来源是投资者需要能带来成果的基金产品，而不仅仅是基准追踪基金，这一趋势已经在全球范围的资产管理人的付费收入来源变化中有所体现。另类产品包括对冲基金和私募股权以及多元资产产品，如现在全球范围内增长迅速的需要付费的目标日期基金和目标风险基金账户，而积极指数追踪产品的收入已经出现停滞。因此，资产管理人所面临的第三大挑战即是资产管理人将其投资引擎从低付费、基于指数的基金中撤出而转向高付费的另类或多元资产基金的能力。

成功的资产管理公司的特征

2013年对全球资产管理公司而言是非常好的一年，Casey Quirk对大型资产管理人的调查显示，其平均税前营业利润率为32%，但这并不意味着所有管理人都达到了这一盈利率。调查选取的业绩最好的四分之一样本的税前利润率在2013年已经超过了40%。同时，业绩最差的四分之一样本的利润率低于25%。

因此可以看出，不同资产管理公司之间的业绩存在巨大差异。Casey Quirk对决定资产管理公司成功的共同特征以及其他资产管理人是如何采取行动开创成功及能盈利的业务做了深入调查并发现了促使资产管理公司成功的4个特征：

> 1. 强大的投资引擎，涵盖多种资产类型，并且是流程驱动和可复制的；
>
> 2. 完整的销售和营销团队，侧重技术，专注于最具相关性的潜在客户，推销的是流程而不仅仅是绩效；
>
> 3. 长期薪酬结构，将核心员工的薪酬与客户绩效和资产管理人业务目标挂钩；
>
> 4. 所有权结构，能够激励管理团队，而不是试图将银行业或保险管理模式引入资产管理。

下面重点阐述后两点薪酬和所有权结构。

资产管理以人为本。资产管理公司不像工厂或管道运输业那样具有巨额固定资本，其唯一的重要支出便是员工的薪酬。在全球范围内，资产管理公司的员工的薪酬与福利平均占其总支出的67%，不同资产类型的大小管理人都是如此。

薪酬共有三种形式：基本工资、奖金和长期激励。基本工资一般都是固定的，只是根据职位而有所不同。奖金通常都是以现金方式发放，根据个人绩效和团队或产品收益会有很大的差异。长期激励包括管理人股权或类似于股权的款项，会延迟很多年才能获得，与资产管理人的公司业绩息息相关，不是单项产品的收益。

通常情况下，北美资产管理人在基本工资方面的支出最少，但变量支出较多：奖金和长期激励。与欧洲和亚洲资产管理人相比，这种方式的第一个好处就是减少固定支出的基本工资。第二个好处即是做出有意义的长期激励计划的公司的核心员工基本不可能跳槽。如果发生这种情况，员工离职就成为企业健康的一个关键指标。Casey Quirk 的调查显示，如果通过员工离职情况来定位资产管理公司的水平，那么，业绩最好（最稳定）的四分之一公司的发展速度将会是业绩最差的（离职率最高的）四分之一资产管理公司的两倍。这与资产类别或投资效益完全没有关系。

资产管理公司所有权

资产管理公司有三种所有权模式：

1. 独立上市公司：BlackRock（美国）、Henderson（英国）或 Value Partners（中国香港）等公司不属于大型金融集团，但都是上市公司。上市的资产管理人管理着全球总资产的 25%，或者说是 14 万亿美元。到目前为止，中国内地还没有这种模式的规模范例。

2. 独立私人公司：这种公司既不属于大型金融集团，也没有上市股票。通常情况下，这些公司由其创始人和高级管理人员完全或部分所有。在全球范围内，大部分资产管理人都属于独立私人公司。

3. 附属公司：附属资产管理人是属于大型金融服务公司

所有的公司并且是其不可分割的一部分，这些大型金融服务公司几乎都是银行或保险公司。从历史上来看，这种模式管理着全球绝大部分的资产管理总额，但附属公司正逐渐失去其份额，现在它们所管理的资产占全球资产管理总额的34%。在中国，这种模式仍然是最普遍的所有权形式。

每种所有权模式都有其利弊。附属公司最具竞争力的优势便是有权通过其母公司（保险公司或银行）进行分销。独立私人公司在有业绩报酬的业务方面具有明显优势，公司管理层掌握所有权就意味着业绩报酬可以用于再投资或作为薪酬支付，而无须受到外部股东的压力。最后，上市公司在采用长期薪酬、保留和继任计划时便能够体现出其优势：公司股权可以作为有价值的和可估价的货币。

尤其是2009年以后，上市资产管理人已经拥有最强的经营业绩，比其他两种模式享有更快的增长速度、更高的利润率和更大的平均销售额。但是，上市随之而来的便是其自身的风险，包括外部股东为了持续的短期增长而造成的强大压力。从各种情况来看，私人所有权模式能够更有效地在一个完整的商业周期内实现长期增长。

附属公司在中国仍然是最普遍的模式，也最具挑战性。附属公司潜在的最大问题就是资产管理公司和母公司之间的目标不清晰或产生冲突。这种运营模式缺乏协调，母公司不合理地控制资产管理人对人力资源、薪酬、财务、新产品、定价或全球扩张方面的基本决定。通常情况下，这种控制和决定是出于母公司的需要，而不是资产管理人的需要或资产管理人的客户的需要。

资产管理行业正在发生实质性的变化。对于中国基金管理人来说，现在就应该考虑通过国内企业年金和外国投资人对中国资产的兴趣来规划业务的大幅增长。中国基金管理人的相对成功在很大程度上将依靠员工激励和保留等措施的效果以及所有权模式的改进。

Q&A

问：增长方面存在三个问题，其中一个是人才流失，中国管理人在美国市场上的机会在哪里？

答：美国买家考虑资产配置非常简单，无论股权还是固定投资在美国都适用，这在世界其他地方也一样。对于国际产品，只有日本与众不同，它们拥有很大的投资额，但不幸的是，现在还不是发展的好时机，日本曾在 20 世纪 90 年代日经指数出现崩盘的情况下购买产品。经过深入调查，我们发现中国正在专注于这个领域，不仅因为中国拥有一个巨大的市场，也是因为其中有非常多的机会。所以，总体上仍是充满机遇，这是积极的一面。

但也有负面因素。主要的资产管理人会关注一个国家的分配体系，它们已经有自己的 QFII 限额，并且相当成熟。它们需要中国提供非常成熟的产品，如房地产产品的加入就非常有吸引力，可以复制这种模式。但由于 QFII 限额，没有人可以保证成功。它们认可中国，认为其是最大的主权财富资金池，甚至超过美国。目前还没有人被派到中国，这显示了中国市场强大的信誉和信心以及吸引力。

问：刚才提到安联收购百分之百股权以及公司治理的经验，这对中国股权和公司实际治理有什么借鉴意义？

答：安联的经验运用到中国企业管理是非常有可能的，因为安联已经意识到，对于资产所有者来说，自己并不是一个运营者，不像德国核心的保险业务，不需要介入每一天的日常决策中。这是非常关键的观念转变，仅仅是投资，不参与运营。

既然是资产，不是运营业务，就需要一个监管局对它进行监管。安联能够发现一切是不是都在正常运作，若一切运转良好，则让资产管理人自己进行控制，并不会强迫它们做任何事，也不会要求它们应该怎样发工资。薪资占据费用中很大的比例，这也是资产管理公司非常头疼的问题，但德国的模型并不一定适用于加利福尼亚的薪资情况。因此，应该让你的管理团队自主运营，用他们认为最好的方式来支付薪金，创造健康的投资环境。英国的巴克莱银行拥有安联同样的模式，金融危机出现时，巴克莱并不需要政府救助，通过出售有价值的资产进行融资。它们没有运营商整合，如果之前有整合，也没有购买任何企业，或者即使买了，但购买行为非常混乱且价格低廉，这些对巴克莱银行来说都不好。从这两个例子来看，有非常多可以借鉴的地方。

问：**您之前提到对基金管理人的激励体系非常重要，亚太地区的基金管理人通常是获取一些固定费率，所以，如果我是一名基金管理人并且采用这种被动模式，只要我能够超过平均水平，就能够保持在一个相对稳定的位置并不断地实现盈利，所以我根本不需要去担心我的绩效。如果激励体系在美国发生变化，可变费用变得相对更高，占据了大部分，是不是等于我要冒更大的风险，如果出现什么问题，我可能就离开了，因为我不够积极，我可以非常快速地拿到我的奖金。对于公司来讲，结果也是相对应的，甚至更糟糕。你认为对于公司或者基金管理来讲这是非常关键的一点吗？**

答：是的，对于不同投资行为中的差距，投资组合经理将在较高的可变量之间进行对比。像你刚才描述的，对于投资组合经理来讲，有比较大的可变部分，当突然与市场结合，基金经理常会抱怨他们根本没有办法向客户解释投资组合，也不能和潜在客户见面，因为这样做太难了。但若能够对他们的更好表现通过发放奖金进行奖励的话，他们可能会在市场上表现得更好。但通过系统内部交易，肯定不希望有这样的情况出现，但中国目前的发展速度比较快，市场的缺陷被忽略，所以总体来讲，资产规模一直都在不断地增长。由于市场变得越来越复杂，买家角度也在发生同样的变化，他们越来越难分辨出什么是好的基金经理，或者无法对被动基金经理之间的差别进行比较，我们可以看到增长池出现在高质量企业中，这与刚才提到的薪酬问题和这个市场非常相关。

问：我们的客户现在正在面临着美国市场，所以我从机构投资者的角度提一些问题，对于中国基金经理来讲，如何建立市场和业务信用？如何在机构市场上获得更好的信誉？

答：这个问题是关于基金经理如何能够更成功地进行美国机构的资金募集，我并非基金经理，我的客户是基金经理，我的工作就是帮助他们，给对手提意见，不是对资产业务提意见。我从中国资产管理人的表现中观察到几点错误。我可以列出几点。如果把中国的情况和美国的情况进行对比，那么中国市场中资产是增长的，非常令人振奋。大多数投资者知道这一点，当与投资机构交流时，他们根本不需要了解你的发展情况，这是第一个错误。

真正要推销的是自己，这就是为什么要通过 Casey Quirk 进入中国市场。他们会对购买流程充满困惑，美国机构的购买流程是个非常系统性的过程，这是好消息，因为有流程可循。我观察到，中国基金经理比较有耐心，但需要找到守门人，就是资产管理人，如果其在进行评析后，觉得资产管理额不够高，那就根本没有办法和资产管理人及资产所有者或其他人进行交流。大型机构人员庞杂，通常要和真正负责股权或者负责另类资产的人以及 CEO 进行对话。CEO 日程安排很紧，需要解决很多问题，不仅仅要考虑投资问题，所以需要时间和耐心，这是一个挑战。有些中国资产管理人没有很好地理解这一点，这是另一个挑战。当产品被带到中国市场，大多数是基础的长期股权基金，一些比较精明的投资者已经拥有这一部分，所以他们想要别的东西，但不一定非得是另类投资产品。但是,中国小投资者仍对此比较感兴趣。如果想要一些机构投资者购买你的产品，其实最重要的不在于哪个资产类别。很多人认为这些美国公司是外国客户，他们不想从外国投资者那里购买，但一些外国投资者非常善于和客户进行沟通，美国投资经理更善于沟通，但有时外国投资者可能存在沟通问题。这当然不像买房买车，需要完成一些流程，你需要耐心，所以不仅仅是中国基金经理，很多外国公司和基金经理都会遇到这个问题。

湛庐文化 Cheers Publishing a mindstyle business 与思想有关

湛庐，与思想有关……

如何阅读商业图书

商业图书与其他类型的图书，由于阅读目的和方式的不同，因此有其特定的阅读原则和阅读方法，先从一本书开始尝试，再熟练应用。

阅读原则1 二八原则

对商业图书来说，80%的精华价值可能仅占20%的页码。要根据自己的阅读能力，进行阅读时间的分配。

阅读原则2 集中优势精力原则

在一个特定的时间段内，集中突破20%的精华内容。也可以在一个时间段内，集中攻克一个主题的阅读。

阅读原则3 递进原则

高效率的阅读并不一定要按照页码顺序展开，可以挑选自己感兴趣的部分阅读，再从兴趣点扩展到其他部分。阅读商业图书切忌贪多，从一个小主题开始，先培养自己的阅读能力，了解文字风格、观点阐述以及案例描述的方法，目的在于对方法的掌握，这才是最重要的。

阅读原则4 好为人师原则

在朋友圈中主导、控制话题，引导话题向自己设计的方向去发展，可以让读书收获更加扎实、实用、有效。

阅读方法与阅读习惯的养成

（1）回想。阅读商业图书常常不会一口气读完，第二次拿起书时，至少用15分钟回想上次阅读的内容，不要翻看，实在想不起来再翻看。严格训练自己，一定要回想，坚持50次，会逐渐养成习惯。

（2）做笔记。不要试图让笔记具有很强的逻辑性和系统性，不需要有深刻的见解和思想，只要是文字，就是对大脑的锻炼。在空白处多写多画，随笔、符号、涂色、书签、便签、折页，甚至拆书都可以。

（3）读后感和PPT。坚持写读后感可以大幅度提高阅读能力，做PPT可以提高逻辑分析能力。从写读后感开始，写上5篇以后，再尝试做PPT。连续做上5个PPT，再重复写三次读后感。如此坚持，阅读能力将会大幅度提高。

（4）思想的超越。要养成上述阅读习惯，通常需要6个月的严格训练，至少完成4本书的阅读。你会慢慢发现，自己的思想开始跳脱出来，开始有了超越作者的感觉。比拟作者、超越作者、试图凌驾于作者之上思考问题，是阅读能力提高的必然结果。

好的方法其实很简单，难就难在执行。需要毅力、执著、长期的坚持，从而养成习惯。用心学习，就会得到心的改变、思想的改变。阅读，与思想有关。

[特别感谢：营销及销售行为专家 孙路弘 智慧支持！]

我们出版的所有图书，封底和前勒口都有“湛庐文化”的标志

湛庐文化 Cheers Publishing

a mindstyle business 与思想有关

并归于两个品牌

财富汇　　心视界

找“小红帽”

为了便于读者在浩如烟海的书架陈列中清楚地找到湛庐，我们在每本图书的封面左上角，以及书脊上部 47mm 处，以红色作为标记——称之为**“小红帽”**。同时，封面左上角标记**“湛庐文化 Slogan”**，书脊上标记**“湛庐文化 Logo”**，且下方标注图书所属品牌。

湛庐文化主力打造两个品牌：**财富汇**，致力于为商界人士提供国内外优秀的经济管理类图书；**心视界**，旨在通过心理学大师、心灵导师的专业指导为读者提供改善生活和心境的通路。

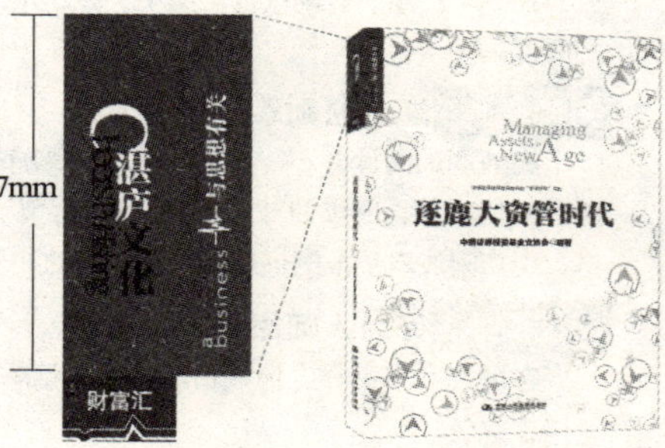

阅读的最大成本

读者在选购图书的时候，往往把成本支出的焦点放在书价上，其实不然。

时间才是读者付出的最大阅读成本。

阅读的时间成本=选择花费的时间+阅读花费的时间+误读浪费的时间

湛庐希望成为一个“与思想有关”的组织，成为中国与世界思想交汇的聚集地。通过我们的工作和努力，潜移默化地改变中国人、商业组织的思维方式，与世界先进的理念接轨，帮助国内的企业和经理人，融入世界，这是我们的使命和价值。

我们知道，这项工作就像跑马拉松，是极其漫长和艰苦的。但是我们有决心和毅力去不断推动，在朝着我们目标前进的道路上，所有人都是同行者和推动者。希望更多的专家、学者、读者一起来加入我们的队伍，在当下改变未来。

湛庐文化2008-2013年获奖书目

《大数据时代》

国家图书馆“第九届文津奖”十本获奖图书之一

CCTV“2013中国好书”25本获奖图书之一

《光明日报》2013年度《光明书榜》入选图书

《第一财经日报》2013年第一财经金融价值榜“推荐财经图书奖”

2013年度和讯华文财经图书大奖

2013亚马逊年度图书排行榜经济管理类图书榜首

《中国企业家》年度好书经管类TOP10

《创业家》“5年来最值得创业者读的10本书”

《商学院》“2013经理人阅读趣味年报•科技和社会发展趋势类最受关注图书”

《中国新闻出版报》2013年度好书20本之一

2013百道网•中国好书榜•财经类TOP100榜首

2013蓝狮子•腾讯文学十大最佳商业图书和最受欢迎的数字阅读出版物

2013京东经管图书年度畅销榜上榜图书，综合排名第一，经济类榜榜首

《爱哭鬼小隼》

国家图书馆“第九届文津奖”十本获奖图书之一

《新京报》“2013年度童书”

《中国教育报》“2013年度教师推荐的10大童书”

新阅读研究所“2013年度最佳童书”

《牛奶可乐经济学》

国家图书馆“第四届文津奖”十本获奖图书之一

搜狐、《第一财经日报》2008年十本最佳商业图书

《影响力》（经典版）

《商学院》“2013经理人阅读趣味年报•心理学和行为科学类最受关注图书”

2013亚马逊年度图书分类榜心理励志图书第八名

《财富》鼎力推荐的75本商业必读书之一

《影响力》（教材版）

《创业家》“5年来最值得创业者读的10本书”

《大而不倒》

《金融时报》•高盛2010年度最佳商业图书入选作品

美国《外交政策》杂志评选的全球思想家正在阅读的20本书之一

蓝狮子•新浪2010年度十大最佳商业图书，《智囊悦读》2010年度十大最具价值经管图书

《第一大亨》

普利策传记奖，美国国家图书奖

2013中国好书榜•财经类TOP100

《卡普新生儿安抚法》（最快乐的宝宝1•0~1岁）

2013新浪“养育有道”年度论坛养育类图书推荐奖

《正能量》

《新智囊》2012年经管类十大图书，京东2012好书榜年度新书

《认知盈余》

《商学院》“2013经理人阅读趣味年报•科技和社会发展趋势类最受关注图书”

2011年度和讯华文财经图书大奖

《神话的力量》

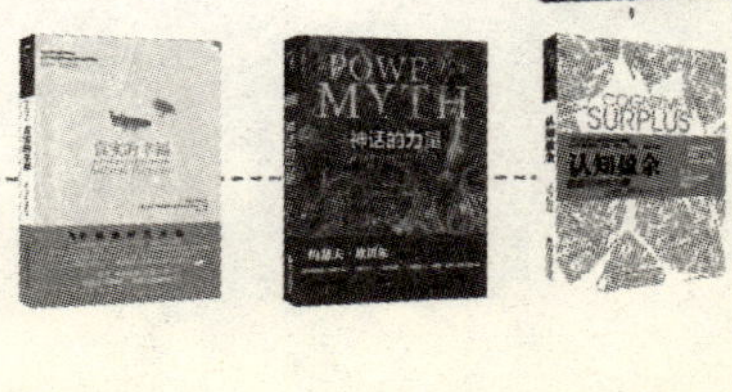

延伸阅读

《2013年中国资产管理行业发展报告：大资管时代来临》

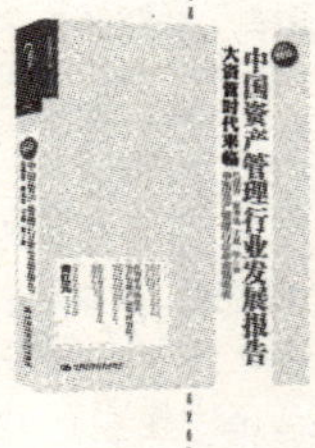

扫码直达本书购买链接

◎ 本书立足于整个中国资产管理行业的宏观视角，在数据分析等传统研究范式的基础上，整体理解资产管理产业链的价值和竞争力重构，是中国资产管理行业的年度晴雨表。

◎ 国务院发展研究中心金融研究所研究员兼副所长、中国银行业协会首席经济学家巴曙松研究团队力作；上海证券交易所总经理黄红元专文作序。

《巴塞尔资本协议Ⅲ的实施：基于金融结构的视角》

扫码直达本书购买链接

◎ 巴塞尔资本协议Ⅲ是应对2008年金融危机、金融监管框架调整的代表性成果，是国际银行业的监管准则，也是包括中国金融界和美国金融界在内的全球金融市场共同关注的重要课题。

◎ 国务院发展研究中心金融研究所副所长、中国银行业协会首席经济学家、哥伦比亚大学高级访问学者、国务院发展研究中心重点基础领域研究课题“国际经济金融结构研究”负责人巴曙松重磅新作。

《富可敌国》

扫码直达本书购买链接

◎ 基于对对冲基金行业领军人物300个小时的真实访谈和无数业内第一手资料，使其成为一部权威的对冲基金史。

◎ 一经出版，便被彭博资讯提名为最著名的50本商务书之一，并入围2010年《金融时报》·高盛商务图书奖！

《资本之王》

扫码直达本书购买链接

◎ 唯一一部透视黑石集团运作内幕的权威巨作，首度展现黑石创始人史蒂夫·施瓦茨曼叱咤风云的私募传奇。

◎ 国务院发展研究中心金融研究所副所长巴曙松领衔翻译。